天孫降臨とは何であったのか

田中英道 著

勉誠出版

目次

序章　日本神話は歴史的事実の記憶である

「天孫降臨」のイメージと誤解

「天孫降臨」と聞いて、皆さんは、どのようなことをイメージをお持ちでしょうか。多くの場合、天空から光の道ないし雲の道が地上めがけて垂直にあるいは階段状に伸び、天空におられる神々が従神《みとものかみ》たちをひきつれて、その道に導かれて降り進んで地上に立つ、といった想像をされるのではないでしょうか。それは恐らくは一神教のイメージで、天に神がおられるという前提があります。

日本の宗教は一神教ではありません。従ってこのイメージは、われわれ日本人の天孫降臨の実像からかけ離れていると思われます。このイメージには多くの誤解があると同時に、最近の考古学・生物学的研究や発見によって改める必要の出てきた、日本の歴史そのものを転換すべき重要なテーマが潜んでいます。それをこれから、詳しくお話ししていきたいと思います。

なぜ、天孫降臨がこのような想像でとらえられているか、天孫降臨が現在、一般的にどのように考えられているか、まず、それを辞書でひもといて書いておくことにしましょう。

「記紀神話で、瓊瓊杵尊《ににぎのみこと》が高皇産霊尊《たかみむすびのみこと》・天照大神の命令で、葦原中国《あしはらのなかつくに》を統治するた

めに、高天原《たかまのはら》から日向《ひゅうが》国（＝宮崎県）高千穂《たかちほ》峰に天降《あまくだっ》たこと。」（大辞林　三省堂）

他の辞書も大筋で変わるところはありませんが、同じ小学館でも、『大辞泉』では高千穂峰に「天降った」としていますが、『日本国語辞典』では「降りて来た」としています。面白いのは、岩波書店の『広辞苑』です。「天降った」に変わるところはありませんが、「葦原中国《あしはらのなかつくに》を統治するために」という天孫降臨の目的の部分を省いており、参照せよという意味の矢印をつけて「天壌無窮の詔勅」に誘導しています。

「天壌無窮の詔勅」とは「天照大神が瓊瓊杵尊に賜った神勅」のことで、具体的には日本書紀の神代に一書として記されているアマテラスの言葉、「葦原の千五百秋《ちいほあき》の瑞穂の国は、わが子孫が王《きみ》たるべき国である。皇孫のあなたが行って治めなさい。宝祚《あまつひつぎ》の栄えることは、天地と共に窮まりないであろう」（『全現代語訳日本書紀』宇治谷孟著　講談社）を指します。千五百秋とはきわめて長い年月のこと、宝祚とは皇位を継承することです。

ニニギノミコト（瓊瓊杵尊）はアマテラスの孫であり、天皇家初代神武天皇の曽祖父です。つまり、天孫降臨の際のアマテラスの「天壌無窮の神勅」とニニギノミコトの「降臨」という行動そのものが、今も綿々と続く天皇家の正当性の最大の根拠です。岩波書店の『広辞苑』はここを非常に気にしています。

戦前から戦後にかけて、記紀（古事記と日本書紀）研究の第一人者として知られた津田左右吉（一八七三〜一九六一年）という日本史学者がいます。津田左右吉は近代実証主義に基づき、史料価値という視点から記紀を批判的に分析し評価しました。簡単に言えば、記紀には事実が書かれているわけではない、としたのです。

大日本帝国政府は、日本精神の抹殺と天皇に対する不敬にあたるとして昭和十五年（一九四〇年）、津田の論文著書『古事記及び日本書紀の研究』『神代史の研究』『日本上代史研究』『上代日本の社会及び思想』を発禁処分にしました。同年の津田の早稲田大学教授辞任も、時の文部省からの要求だったといいます。

戦後になって、津田左右吉の研究は、現在もまだあいかわらず続いているマルキシズムによる歴史観、つまり唯物史観一色に染まった歴史学者たちに大いに活用されました。津田の記紀批判を天皇否定・皇室廃止の根拠として利用したのです。その歴史観は、「権力者は常に民衆を抑圧する悪であり、抑圧される民衆は常に正義である」という政治イデオロギーのための道具に過ぎず、記紀を歴史上意味のないものにしようとしたのです。

戦前に天皇という歴史がただひたすらに神格化・絶対化されたとする見解は正しくはありません。しかしそれを主張している人々が、まだ多く学者の中にいます。それを主張して、戦後の天皇の根拠は失われているとしているのです。しかし、記紀批判をイデオロギーのために使って天皇を否定する戦後歴史学者の言い分こそ間違っているのです。

本書の目的は、ここ二、三〇年来、新発見の続く考古学研究、生物学研究の成果を参考にしながら、史料を実証的に分析し、「天孫降臨」が歴史的事実の記憶であることを明かすことにあります。日本の史は、大きく開かれることになるでしょう。そしてそれは、日本の歴史の根幹をつくり、日本人の祖先たちの営んできた長い歴史をわれわれの中に取り戻すということに他なりません。

なお、本書では時間的な位置をわかりやすくするために、年の表記はあえて西暦表記を使います。

天孫降臨の「天」とは何か

「天孫降臨」という言葉は、実は古事記にも日本書紀にも登場しません。「天孫」や「皇孫」は頻出しますが、「降臨」とはセットになりません。「天孫降臨」という言葉が頻繁に使われ始めるのは明治以降で、前述した津田左右吉は論文中に用語として使い、民俗学者の折口信夫（一八八七〜一九五三年）もたびたび使います。

最も一般化したのは、一九三五年（昭和一〇年）に日本政府が出した「第一次国体明徴声明」の冒頭「恭しく惟《おもん》みるに、我が國體は天孫降臨の際下し賜へる御神勅に依り昭示せらるる所にして」においてでしょう。「天孫降臨」は、後世になって呼び習わすようになった、該当の神話部分全体を指す名称、あるいは書籍とした場合の構成上の章タイトルした。

日本書紀に「降臨」という言葉は、神代巻から離れた巻第十四、雄略天皇の九年に「垂降臨《いでまさへ》」、「おいでください」という意味で初めて登場します。さらにいうと降臨には、「神仏が天から地上に天降る」以外に、単に「他人が来訪することを敬っていう語」という意味があります。ここにもちょっとした示唆があります。

それでは、記紀およびその他の史料に、天孫降臨の「天降る」場面はどう記されているでしょうか。先に申し上げておきますと、ポイントは、「天」という文字の意味、「降る」という言い方、あたかも空から地上に垂直に移動した、という文章から感じる印象にあります。元は漢文ですが、書き下し文で引用し、現代語訳を添えます。

古事記

「かれここに天の日子番の邇邇芸の命、天の石位を離れ、天の八重多那雲を押し分けて、稜威の道別き道別きて、天の浮橋に、浮きじまり、そりたたして、筑紫の日向の高千穂の霊じふる峰に天降りましき。」

現代語訳「そこで天つ日子番の邇邇芸の命に仰せになって、天上の御座を離れ、八重立つ雲を押し分け、天からの階段によって、下の世界に浮洲があり、それにお立ちになって、遂に筑紫の東方なる高千穂の尊い峰にお降り申さしめました。」

（『新訂古事記』武田祐吉訳注・中村啓信補訂　角川書店）

日本書紀　神代下・本書

「皇孫、乃ち天磐座を離ち、且天八重雲を排分けて、稜威の道別きに道別きて、日向の襲の高千穂峯に天降ります。」（『日本古典文学大系・日本書紀』岩波書店）

現代語訳「皇孫は天の磐座を離れ、天の八重雲を押しひらき、勢いよく道をふみ分けて進み、日向の襲の高千穂の峯にお降りになった。」（前掲『全現代語訳日本書紀』）

また、『日向国風土記』に天孫降臨が次のように記されていたことが、逸文（後世の書物での引用）のかたちで残されています。

「天津彦々火の瓊々杵尊、天の磐座を離ち、天の八重雲を排き、稜威の道別きに道別きて、日向の高千穂の二上の峰に天降りましし時、天暗冥く昼夜の別を知らず、人も物も道を失ひ物色別き難くありき。」

現代語訳「天津彦々火の瓊々杵尊が、天の磐座を押し離し、八重に重なる天の雲を押し分けて、穢れのない神の道を選り分け選り分けて、日向の国の高千穂の二上の峰にお降りになられた時、空は暗くて昼と夜の区別がなく、人も何もかも道をなくしてしまい、物の区別がつかなかった。」

（『日本古典文学全集・風土記　小学館』）

追って触れていく部分が多々ありますが、ここで問題としたいのは、「天」の字の読み方です。記紀の時代、「天」はそのほとんどすべてを「あま」、あるいは「あめ」「あも」など、その変化形で読みました。

この時代の公文書はすべて漢文で書かれました。口承で伝えられてきた言葉を漢字に置き換えていった、つまり、訓読みを漢文にしたものが古事記や日本書紀です。

古事記の冒頭に「高天原」が出てきますが、編纂した太安万侶は、その後にすかさず、「訓高下天云阿麻下效此」という注釈をつけています。「高の下の天は〝あま〟と読みなさい。以下、これに準じなさい」という意味です。

そして、当時、「天」という字は決して「空」の意味だけを持つものではありませんでした。それは、右記に引用した『日向国風土記』部分で「天暗冥く昼夜の別を知らず」の

「天」をわざわざ「そら」と読ませていることでわかります。

つまり「天」を「あま」またはその変化で読んだときには、「天」は「空」の意味に限らない、むしろ「空」の意味ではない場合がほとんどであると言うことができるのです。したがって、天孫降臨を、空から神が降りて来た、とイメージ通りに解釈してしまうのはあまりにも早計だ、ということになります。

天孫降臨は天＝空から「降りる」ではない

空から神が降りてくるイメージは、西洋文化、つまりキリスト教の文化からくるものです。明治期の文明開化以降、大量の西洋文化が急激に日本に流れ込みました。明治政府は国防政策の一環として文明開化を推進したわけですから、そこに非難はできません。

しかし、「天国が雲の上のはるかかなたの天空にある」という観念を持つキリスト教を根底とした西洋文化の流入は、その思想こそが高級なものだと日本人をして勘違いさせました。「天」の字は、おそらく明治以降、空間的に、空あるいは天空以外の意味を失ったのです。

また、「天」という漢字は、中国語においては、場所を指す場合においては「空」「天空」以外の意味を持ちません。これらのことから明治以降、特に戦後、比較神話学などと名づけられた学問ジャンルにおいて、「天孫降臨」神話は大陸に由来するものであり、日本は中国あるいは朝鮮の神話を継承したに過ぎないなどといった自虐史観を応援してしまうことになります。

確かに朝鮮には類似の伝承があります。しかし、文物のすべては大陸から朝鮮半島を経由して日本列島に流れ込んだとする文明史観は否定されてしかるべきものです。このことは、著書『高天原は関東にあった　日本神話と考古学を再考する』『日本の起源は日高見国にあった　縄文・弥生時代の歴史的復元』（共に勉誠出版）などで詳しく述べてきましたし、本書でもこれからたびたび触れることになるでしょう。

「あま」と音を発する言葉は日本語にはたくさんあります。その中で最も重要であると思われる言葉に「海」があります。

「天」と「海」は同じ音であり、古来、同じように神聖視されていたと考えられます。それればかりでなく、存在としても同一視されていた可能性があります。

海辺に行って水平線を臨むときには、空と海とは一線上に合体して見え、自然に、天と海は同一だという感覚を持つでしょう。このように、形をまずあるがままに見て素直に評価する姿勢を私は「フォルモロジー（形象学）」として、専門のひとつである美術史に適用していますが、歴史を正しく知るために、現在の私達は、過去の時々に暮らす人々の精神にふさわしい表現の「形」を認識して、その「価値」あるいは「意味」を浮き彫りにして語る必要があります。

つまり、「天降る」は「海降る」に置き換えられる可能性が十分にあるのです。空の上から下に移動するのではなく、海上をある方向へ移動する、ということです。現代人の天孫降臨のイメージである垂直方向の移動は、ここにおいて、水平方向の移動に変換されることになります。

日本人は古来、移動ということについて、都つまり中心へ向かうことを「上る（のぼる）」、地方へ向かうことを「下る（くだる）」と言い習わしてきました。京都の住所表記はその象徴でしょう。

物事を馬鹿にする「くだらない」という表現がありますが、これは江戸時代、関西から江戸に運び込む良質品を「下りもの」と言ったのに対して、江戸に運べるようなしろものではないものを「下らないもの」と言ったことに由来するとされています。現代の身近なところでは、都心へ向かう電車を「上り電車」、郊外へ向かう電車を「下り電車」と呼び親しんでいます。

天孫降臨は、あらゆる事実、あらゆる史料から考えて、「海を使った移動」以外にありえません。天空から垂直的に降りてくるといったファンタジーなどではなく、海を含めた地上における、中央から地方への移動です。

日本は、決して抽象的な国ではありません。人々は具体的な現実の動きを記憶にとどめました。それがたまたま神話と呼ばれながら、歴史の実際が綿々と語り継がれてきた国なのです。

かつて人口は日本列島東部にのみ集中していた

拙著『日本の起源は日高見国にあった　縄文・弥生時代の歴史的復元』で、私は、天地開闢からおよそ神武東征にわたる、いわゆる日本神話に表された事象が、歴史的事実に重なるということを検証し、詳しく述べました。最近の考古学的発見、生物学的研究で明らかになった縄文・弥生の時代推移は、日本神話と見事に重なるのです。

大切なところですので、おさらいをしておきたいと思います。最も重要だと思われるのは、縄文・弥生と呼ばれる時代の、日本列島における人口分布の推移です。

国立民族学博物館名誉教授・小山修三氏と椙山女学園大学人間関係学部教授・杉藤重信氏が一九八四年に国立民族学博物館研究報告として発表した「縄文人口シミュレーション」という研究です。簡単に説明すると、遺跡数から時代時代の人口数を割り出すことができる、という研究です。東京大学大気海洋研究所教授・川幡穂高氏が、地学専門誌『地質ニュース』（産業技術総合研究所地質調査総合センター）二〇〇九年七月号に発表したたいへん興味深い論文『縄文時代の環境　その1――縄文人の生活と気候変動――』の中で、この「縄文人口シミュレーション」を論説根拠として採用し、縄文時代の人口分布推移について、次のように概論しました。

「縄文時代の東北から九州にいたる日本では、全人口は縄文中期で最も多く二六万人であった。興味深いのは、関東地方と中部地方で人口密度が最も高いことである。面積が広い東北地方も人口そのものは多い。全体の傾向として、縄文時代を通じて、人口は東日本に多く西日本に少ない。基本的に西日本での人口密度は東日本の1／10にも満たず、人口密度が東北地方と逆転するのは弥生時代に入ってからである。」

（前掲論文）

川幡穂高氏が論文の中で述べられていることを整理しますと、日本列島における人口分布推移は次の通りです。

■縄文早期（約九五〇〇〇年前〜六〇〇〇〇年前）の全国の人口は二万人前後。

←

■縄文中期（約五〇〇〇年前〜四〇〇〇年前）に全国の人口は約二六万人に増加。

※縄文中期の東日本（東北、関東、北陸、中部、東海）と西日本（近畿・中国・四国・九州）の人口比は、東日本「一〇〇」に対して西日本は「四」弱。

※縄文中期の関東の人口は約九万五四〇〇人。近畿は約二八〇〇人。九州は約五三〇〇人。（東北には約四万六七〇〇人、中部には約七万一九〇〇人、北陸には約二万四六〇〇人）

←

■縄文後期（約四〇〇〇年前〜三〇〇〇年前）に全国の人口は約一六万人に減少。

※縄文後期の人口比は東日本「一〇〇」に対して西日本は「一四」弱。

※縄文後期の関東の人口は約五万一六〇〇人。近畿は約四四〇〇人。九州は約一万一〇〇〇人。（東北には約四万三八〇〇人、北陸が一万五七〇〇人。中部にはなんと約二二万人）

←

■弥生時代（約一八〇〇年前時点）に全国の人口は約六〇万人。

※弥生時代の人口比は東日本「一〇〇」に対して西日本は「六八」強。

※弥生時代の関東の人口は約九万九〇〇〇人。近畿は約一〇万八三〇〇人。九州は約一〇万五一〇〇人。(東北には約三万三四〇〇人、中部には約八万四二〇〇人、北陸には約二万七〇〇〇人)

日本列島の人口は縄文早期には二万人前後でしたが、縄文中期には二六万人に増加しました。この変化は気候変動によってもたらされたものと考えられています。この時期に日本列島は温暖化し、食料も多くなり、人口密度も高くなりました。

注目しなければならないのは、人口が増えた縄文中期、人口比が東日本「一〇〇」に対して西日本は「四」弱だったということです。西日本には、ほとんど人がいない、つまり組織的で高度な文明が運営される条件が揃っていないということです。そしてこの時、関東地方は一平方㎞あたり二人以上の高人口密度状態にありました。

その後、気候は寒冷化し、縄文後期には日本列島の全人口は一六万人に減少し、晩期には八万人へと減少します。縄文後期においても、東西人口比は東日本「一〇〇」に対して西日本は「一四」弱で、あいかわらず東高西低です。

弥生時代(約一八〇〇年前)に人口を約六〇万人へと増加させた要因が、水田耕作の普及による食糧の安定確保にあることは間違いないでしょう。数百年後には人口一〇〇万人を超え、六〇〇年経過した奈良時代（八世紀）には、日本列島の人口は数百万人となりました。

日本の中心は東国「日高見国」にあった

縄文期当初、西日本に住む人々の数は、極端に少なかったのです。かたや東日本を見てみましょう。縄文中期に、関東地方の人口密度は一平方kmあたり二人以上です。

千葉県浦安市にある東京ディズニーランドが約〇・五平方kmですから、それだけの広さがあればそこには必ず一人以上の人間が存在した、ということになります。もちろん、人口は可住地域に偏りますから、実際にはもっと人々は濃く存在します。時代性を考えれば、一平方kmあたり二人以上は、かなりの高人口密度と言えるでしょう。

青森県の大平山元Ⅰ遺跡（外ヶ浜町・縄文時代草創期）では、一九九八年に、現段階で世界最古、一万六五〇〇年前のものとされる土器が出土しています。従来、世界最古とされてきたメソポタミアの土器でさえ、九〇〇〇年前のものという研究結果です。二〇〇九年、中国湖南省の洞窟で約一万八〇〇〇年前の土器が発見されたと米ボストン大学や北京大学などの国際研究チームが米科学アカデミー紀要の最新号に発表しましたが、故意による試料汚染の可能性、また、中国共産党の政治的意図などの点から、これはまずは保留しておくべき見解でしょう。日本に負けたくない、という思いかもしれません。

一九九二年に本格的に発掘調査が開始された三内丸山遺跡（青森県青森市・縄文時代前期中頃〜中期末葉）では、一〇棟以上の大型竪穴住居、約七八〇軒におよぶ一般的な竪穴住居の存在が確認され、都市に近い集落だったことがわかっています。また、一九九四年に同遺跡で発見された直径一mの六本の栗の木の柱は祭祀用の大型建築物の存在を示すものでした。

三内丸山遺跡

三内丸山遺跡は、公式の測定結果に従えば約五一〇〇年前〜三八〇〇年前の間に形成・存続された集落です。メソポタミア・エジプト・インダス・黄河の、いわゆる世界四大文明と同じ時期にあたり、ことインダス文明に比べれば、二〇〇〇年以上も早い時期に営まれた集落です。

これらの事実は、旧石器時代から縄文・弥生時代にわたって、東日本に一大文明が存在したことを予測させます。私が、拙著『高天原は関東にあった　日本神話と考古学を再考する』でその存在を検証し、重要性を指摘した「日高見国」こそが、その文明を担ったヤマト政権以前の日本の一大国家です。日高見国は関東・東北を広く束ねた、日本列島を担う、日本の源郷とも言うべき国家でした。

すなわち、日本の神話に描かれているのは日高見国の歴史です。日高見国は、いわゆる古代エジプトとニュアンスの近い祭祀国であり、エジプトと並ぶ、あるいはそれよりも歴史の深い文明を持っていたと考えられます。鹿島から鹿児島へと向かう船団です。天孫降臨は、日高見国による日本国家統一事業として東国から、さらに具体的に言えば、現在の茨城県鹿嶋市にある鹿島神宮から西方へ向けて出発した大軍事船団の遠征の記憶である可能性が高いのです。

考古学研究が示す日高見国の主要地域

日高見国が具体的にどこにあり、どの地域を中心に展開されたかということは、実に、古学的研究の結果から類推することができます。次に掲げる表は、元神戸大学工学部教授・枝村俊郎氏と摂南大学理工学部教授・熊谷樹一郎氏が二〇〇九年に『Theory and Applications of GIS』の研究・技術レポートとして発表した「縄文遺跡の立地性向」という論文に掲載されている縄文時代各期の地方別遺跡数です。

遺跡の数は関東が圧倒的に多く、その後に東海、東北が同じく圧倒的に多い数で続いて

表　縄文時代各期の地方別遺跡数（サンプル）

	サンプル遺跡数	草	早	前	中	後	晩	uji
東北	414	4	48	103	103	152	100	119
関東	682	8	186	188	277	180	41	241
東海	171	1	24	18	47	7	6	108
中部山国	80	5	10	20	32	17	9	31
北陸	53	3	5	6	16	11	7	26
近畿	84	1	5	5	8	14	16	43
中国	65	1	10	3	3	8	6	44
四国	12	0	2	0	2	3	0	7
九州	186	3	30	12	19	37	31	93
全国	1743	26	320	355	507	429	216	712

いることがわかります。この遺跡数が、前述した「縄文人口シミュレーション」による人口分布分析に比例することは明らかでしょう。日高見国は、まさにこの地域にあったと考えることができます。

次に掲げた分布図は、同論文に掲載されている、日本列島における縄文遺跡数の濃淡です。国立民族学博物館名誉教授・小山修三氏による遺跡数推計をＧＩＳ（地理情報システム）によって可視化したものです。

分布図の濃淡を見れば、縄文遺跡の数が、中部、関東地方から青森にかけての東北地方にかけて圧倒的に多いことが歴然です。そして、この図に分布の示された地域が、私が述べてきた日高見国の国家領域であると考えられます。

遺跡分布濃度の高いところが、おそらく日高見国の中心地でしょう。現在の東京、千葉、茨城、埼玉南部、そして特に千葉の加曽利貝塚があったあたりの濃度が高く、

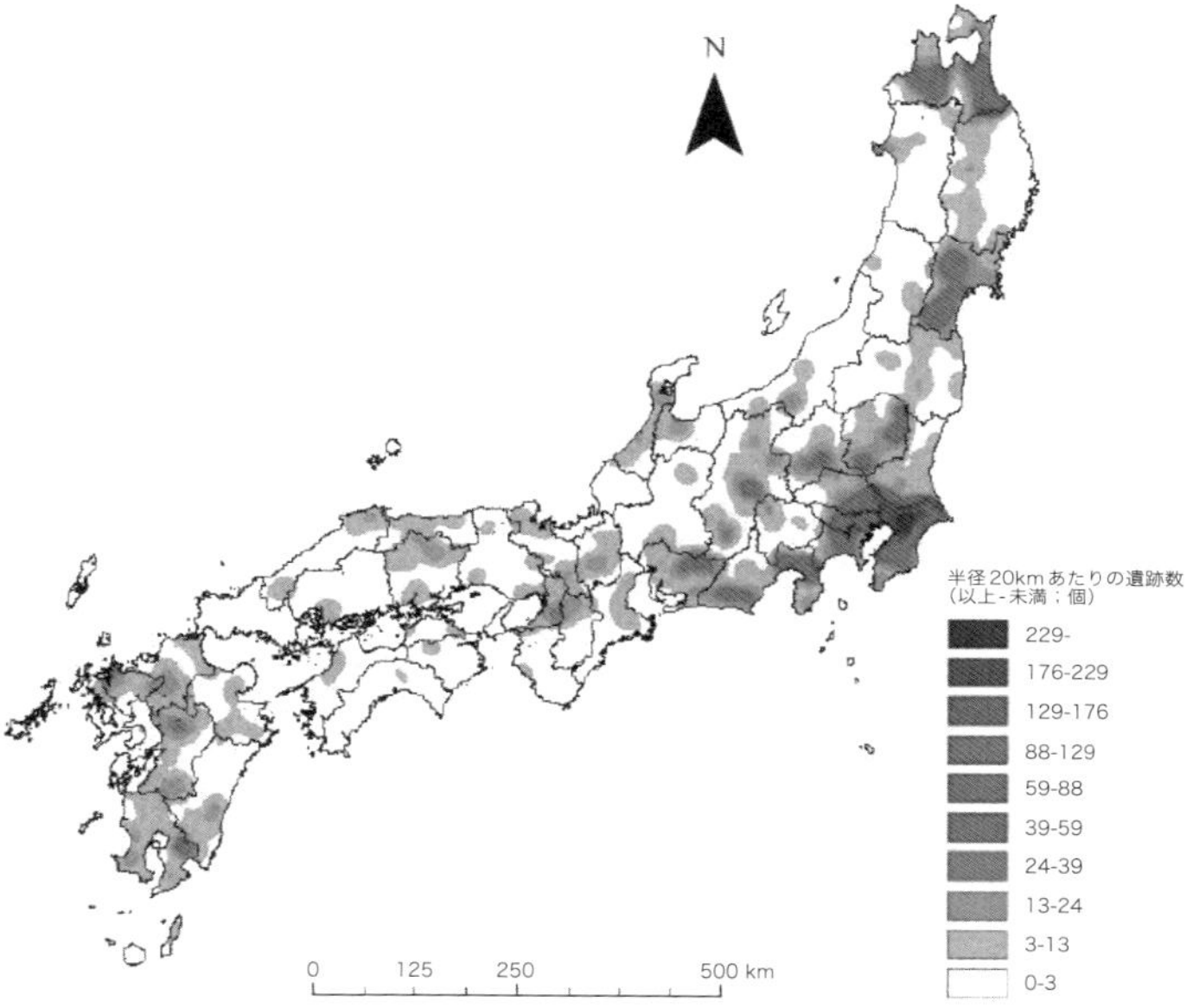

図　縄文遺跡分布のカーネル密度による面的表現

これらの場所が日高見国の中心を成していたことがわかります。

つまり、現在の日本の首都・東京は、縄文時代、まさに日高見国の中心があった場所だったのです。私は、江戸に首都を定めた徳川家康がどの程度、それを意識していたのかについて、二〇一四年発刊の拙著『本当はすごい！　東京の歴史』（ビジネス社）で考察したことがあります。興味を持たれたら、ぜひお読みいただければと思います。

になります。

縄文土器文化を担っていた日高見国

縄文時代に土器の製作が盛んだったのも、当然、遺跡分布図に示された地域です。つまり、日高見国といわれる地方が、とりわけ見事な縄文土器の文化を担っていたということになります。

縄文土器研究の分野でも、最も重要な地域が関東、甲信越であることは研究者の常識となっています。それは、土器研究自体が関東から始まっていることからもわかります。

戦前の考古学の成果に、考古学者・山内清男氏が一九三七年に発表した縄文土器型式編年表があります。これを参照しても、縄文時代早期から晩期まで、あらゆる時期の土器が造られているのは関東だけであることがわかります。

関東には、それだけ文化が集中していたことが、このことからも理解できるでしょう。それだけ一貫した文化を維持するほどの強い共同体が関東にはあった、と想定できるのです。

日本で最も古い土器に「撚糸文土器」がありますが、この土器の出土は南関東に多く、東京湾を縁取るように出土地域が分布しています。太平洋に面している海岸地帯にこそ、この最初の縄文土器は存在します。

縄文時代、寒冷化による人々の南下が進み、大陸に対する日本防衛が必要となるにつれ、大和から九州にかけての地域の統治強化はますます重要となりました。「日高見国としては、鹿島から鹿児島へ船団を送り、西半分の日本を支配下におくようにしなければならない」という高天原（＝日高見国）の見解が、「いよいよ天孫降臨（船団の九州派遣）が必要となった」という結論を導き出したと推測されるのです。

東日本が記紀で重く語られないのはなぜか

「縄文人口シミュレーション」は、東日本での人口集中から、だんだん、縄文後期、晩期、弥生時代へ向かって近畿および九州地方に人が多くなっていった様子を示しています。この変化は、基本的には海外からの移民がもたらしました。しかし多くは、気候の寒冷化によって東日本から南下した人々でした。

東日本から南下した人々と、海を渡ってやってきた移民たちが新しい文化を形成することになります。移民と言っても、それは必ずしも中国や朝鮮からの移民だけを指すものではありません。東南アジア、東北アジアからの移民を含めた多種多様な人々が、日本列島に先住していた縄文人と結合していくのが弥生時代だと言うことができます。

文化の質は変化を見せ、縄文に特徴的なある種の土臭さや力強さがなくなっていくとともに、銅剣や銅鐸といった銅器、鉄器といったものが登場します。これが弥生時代というものへの変化です。

日本神話の、剣が注目を浴びるかたちとなるスサノオ登場以降が弥生時代にあたると私は考えています。すべては、「日高見国」という国家のもとで推移した変化ですから、縄文・弥生という区分よりも、日高見国前期・後期と呼ぶべきだろうと思います。

旧石器時代に切磋琢磨された文明をもとに、日高見国という国家は形成されました。しかし、日本書紀に「日高見国」の名が現れるのは二箇所のみです。神代巻には登場しません。

第一二代景行天皇の御代に、武内宿禰という臣下側近が北陸・東北の諸国を視察しました。その報告に、「東方にある広大で肥沃な土地《くに》」として日高見国が出てきます。もうひとつ、ヤマトタケルノミコトが東征したときの最終訪問地として登場します。このとき、日高見国はヤマトタケルにとっては平定すべき対象の国でした。

日高見国の位置については、鎌倉時代にできた日本書紀の注釈書『釈日本紀』に解説があります。「第三六代孝徳天皇の御代つまり大化改新の時代に、茨城に新しい行政区として信太《しだ》郡がおかれたと『風土記』の常陸国（現在の茨城県）編に残っているが、この土地がもと日高見国と呼ばれた地域である」としてあります。日高見国は東国の国家として存在したという歴史の記憶です。

日高見国がきわめて重要な国家として古来、人々に認識されていたことは、平安時代の行政細則書『延喜式』に定められた祝詞「大祓詞」を見ることでわかってきます。そこでは、日本全体を示す言葉として「大倭日高見之国」という表現が使われています。「大倭日高見之国」は、大陸サイドの蔑称に近い呼称「倭国」を美化した言葉に過ぎないという説もありますが、しかし、これは間違いなく、日本という国は、「大和」と「日高見国」の二つの国から、あるいは二つの国が合体してできあがっているという当時の人々の認識を示しています。

大陸の歴史書『旧唐書』（一〇世紀成立）および『新唐書』（一一世紀成立）の両書に「日本伝」がありますが、どちらも同様に「小国が大国倭国を併合し日本と名のる」と説明しています。日本に二つの国家勢力があったことは、日本からの使者がそう伝えた、といいますから、これが当時のわが国の公式見解なのです。

しかし、古事記も日本書紀も、日高見国を積極的に記録してはいません。これは、記紀が書かれた七～八世紀に、人々の記憶の中で日高見国の重要さが薄れてしまったか、または、「日高見国」の部分をわざと消すという状況が生まれた、ということを意味していると思われます。

七～八世紀という時代は、日本の政治が大きく動いた時代です。それは、当然、大陸の隋帝国、続いて誕生した唐帝国からの圧力、あるいは日本が予見した脅威によるものです。古事記、日本書紀と立て続けに、あるいは並行して公文書を編纂しなければならなかったそのことひとつをとっても、状況の深刻さはよくわかります。

この時期、仏教が日本に根深く入り込みました。いわゆる国際共用語として漢文が機能していましたから、文書は漢字で記す必要がありました。大陸的と呼ばれるあらゆるものが入りこんだのがこの時代です。

対外的な脅威に対応するために、隋や唐の制度を参考にして、律令制国家の体裁を整えなければならない必然性がありました。明治維新と似た状況であると言えないこともありません。律令制は規定に基づいた官僚組織を必要としますから、その規定を根拠づけるための、社会的な位置づけの概念が必要でした。

このときに初めて、いままでは内部で語られていればよかった、口承で伝えられていればよかった「すめらみこと」（天皇）の一族の歴史の記憶、ひいては国家の歴史の記憶を、文字化して文書化する必要が生まれました。人口はすでに数百万人、盛んに人々が都市間を行き来するような時代です。国内的にも、すでに口承だけでは必要なことが伝えられない状況でもありました。日本は、明らかに、ひとつの重要な文化的段階に至ったのです。

記紀に政治的な脚色はない

「日本書紀は天武天皇の政治的意思により、ヤマト政権の朝廷の正当性、つまり天皇の正当性を主張するために編纂された」という歴史観は、もはや定説に近いものとして流布してきました。したがって六世紀より以前の記録については史的事実とは言い難い、というのが、前述した津田左右吉の研究でした。

以来、この歴史観は学界では半ば常識とされ、現在の日本書紀研究も、その枠内にあると言っていいでしょう。天武天皇（在位六七三〜八六年）は、それまで「すめらのみこと」や「おおきみ」と呼ばれていた皇位の称号を「天皇」としたことでも知られています。古事記と日本書紀は、確かに天武天皇が編纂の命を出し、薨去後に完成を見たものではあります。

日本書紀の編纂を具体的に推進したのは、「乙巳の変」で知られる藤原（中臣）鎌足の次男・不比等であるとされています。鎌足以来、藤原氏は朝廷の実務をになう天皇家をサポートする家柄として地位を築いていました。

先に述べたように、律令制国家の構築にあっては、国家の起源を文書として記録しておく必要があります。外交にももちろん必要です。その作業において、当時政権の天皇とそれをサポートする藤原氏が、自らの権力を確固たるものとするために脚色して描いたのが日本神話である、といっているのです。

しかし、日本書紀に、また古事記に記された神話は、このような分析では到底理解できない要素が多すぎます。単に時の権力を肯定するためといった、意図的、政治的な目的で書かれたものとは思えない、総合的な迫力を持っているのが日本神話です。

通説は、国譲りの神話や天孫降臨を天皇の神格化の目的をもって創作された物語とします。しかし、とてもではありませんが、その内容は単なる政治権力的な意図だけで書き上げられるようなものではありません。

古事記ないし日本書紀に書かれた日本神話を一読すればわかる通り、編纂者は、口承で伝えられてきた各所に残る歴史の記憶を、ありのままに、素直に記録しようとしていることは明らかです。日本書紀などは、「本書」と呼ばれるいわゆる公式見解に続いて、別説・異論がある場合には必ず「一書に曰く」として付記しています。イザナギ・イザナミの神生みの神話においては、「一書に曰く」が一一種類も付記されているほどです。

これは、数万年という歳月の縄文・弥生の文化の連続性の中で語り継がれた記憶が、あまりにも豊穣であったことを示しています。編纂者の共通理解として、結局それまでの流れをそのまま、口承のありのままに記録するのが最も良策であるという認識があったに違いありません。

　そうでなければ、時に否定的に描かれる天皇の存在などは説明がつかないでしょう。たとえば武烈天皇は、妊婦の腹を割いて胎児を見た、人の生爪を剥いで山芋を掘らせた、樋に人を流して三つ刃の鉾で刺殺して喜んだ、門前で女を裸にして馬と交尾させた、美食を口にして民の飢えをわすれた、など、犯した悪事がこれでもかと誇張して数え上げられています。素直に考えて、天皇家の正当性の目的をもって書かれたとはとても思えません。他の天皇の代においても、内部の陰謀や謀反、暗殺は忌憚なく記録されています。

　そして、このことが、日本書紀にリアリティとダイナミズムを与えています。日本神話にある総合的な迫力の正体です。

　私は、これこそが歴史だろうと思います。これまでは神話あるいはフィクションとして受け取られ、荒唐無稽に、あるいは、一種の政治的な策略・脚色をもって描かれていたと見られていたものが、読み取り方ひとつで、感情的で具体的な歴史の実際が見えてくるのです。

　あらゆる歴史には神話的に語られる部分があり、そしてそれが逆に端的に現実を語っている場合があります。「歴史」は英語で「history」ですが、「story」つまり「物語」と語源をひとつにします。また、フランス語の「histoire」、スペイン語の「historia」、イタリア語の「storia」、ポルトガル語の「história」は、すべて「歴史」と「物語」の両方の意味を持ちます。歴史と物語は常に同じ口で語られるのです。

日本神話は、フィクション、物語、ストーリーとして考えられ、従来、あまりにも放って置かれすぎました。歴史的事実が記憶されているのは間違いないことが明らかであるにもかかわらずです。今こそ、物語と歴史との差をはっきりとさせ、物語と歴史の間の関係を読み取る必要があります。

それでは次章より、天孫降臨の実相を追っていくことにしましょう。

第一章　高天原とは何か

「島」をつくったイザナギ・イザナミ

古事記も日本書紀も本来は漢文で書かれています。記紀では漢文のスタイルに違いがあり、古事記は変体漢文あるいは和漢文と呼ばれる、いわば、日本語を漢文に倣って漢字だけで表記した文体で書かれています。したがって、大陸の漢文では使われない用字や語彙、語法を含んでいます。

対して日本書紀は、正格漢文つまり純然たる大陸の漢文で書かれています。このことから、古事記は国内向けに書かれた文書であり、日本書紀は外交文書の用も果たす対外的な文書として書かれたという見方も出てくるということになります。

最近の研究では、日本書紀も部分的に変体漢文を含むことがわかってきました。歌の部分は、古事記も日本書紀も、いわゆる万葉仮名で表記されています。

しかし、ここで問題にしたいのは、漢文の種類といったことではありません。数万年来、文字を使わずに口承で使いこなされてきた日本語が外来の漢字に移された時に、果たしてどういったことが起こるのか、ということです。

漢文に移した途端に、漢語の意識、漢語の意味合いが強くなってしまう状況が十分に考えられます。それまでの和語つまり日本語で語られていた際には明らかだった部分が消えてしまったり、あるいは逆に誇張されてしまったりすることが大いにありうる、ということです。

日本語を漢字に移すことで、具体性を持っていたはずの言葉が概念化されて抽象的になってしまい、実態を失ってしまうということも頻繁に起こります。こういったことをやはり外して考えることはできません。しっかりと読み取る必要があります。

古事記、日本書紀は漢文で書かれていますが、日本人がこれを読むときには、漢文の発音で読むわけではありません。必ず訓読します。これは実は後先が逆で、実際には、訓読みを漢文にしたものが古事記や日本書紀です。

したがって、訓読みの時点の、その言葉に展開されるはずの意味というものがどんなものであったのか、それがどの程度の真実を約束しているのかということを読み取る必要があります。たとえば、古事記の冒頭に、高天原という言葉が出てきます。

「天地初發之時　於高天原　成神　名天之御中主神」

現代語訳「天地の初発の時、高天の原に成りませる神の名は、天の御中主の神」

（前掲『新訂古事記』）

この直後に、前述した太安万侶の注釈「訓高下天云阿麻下效此」(高の下の天は〝あま〟と読みなさい。以下、これに準じなさい)が出てきます。天の字は常に「あま」あるいはその変化で読まなければならないということが、この時点であらかじめ宣言されているわけです。

「あま」という言葉には、「天」という意味と「海」という意味があります。漢字で「天」と書いたところで、「あま」と訓読みしたときには、もっぱら空を指すであろう「天」とは異なる意味合いがまた別途にあるということになります。日本語を漢字に移したときに意味が薄れたり強調されたりする、典型的な例だと言えるでしょう。

アメノミナカヌシ(天之御中主神)に続いて、タカミムスビ(高御産巣日神)、カムムスビ(神産巣日神)が成り、その後に、ウマシアシカビヒコジ(宇摩志阿斯訶備比古遅神)をはじめ、神々がどんどん成っていきます。「天地の初発」の天地《あめつち》とは、神々がどんどん成っていく場所としての空間です。

そして、いよいよ、国産みの神と呼ばれる、イザナギ・イザナミの二柱の神が成ります。イザナギとイザナミは、先に成っていた先輩の神々から賜った「天の沼矛」を下ろして、島を造っていきます。

「かれ二柱の神、天の浮橋に立たして、その沼矛を指し下ろして描きたまひ、塩こをろこをろに描き鳴して、引き上げたまひし時に、その矛の末より垂り落つる塩の累積りて成れる島は、これ淤能碁呂島なり。その島に天降りまして、天の御柱を見立て八尋殿を見立てたまひき。」

現代語訳「それでこのお二方の神様は天からの階段にお立ちになって、その矛をさしおろしてしての世界をかき廻され、海水を音を立ててかき廻して引きあげられた時に、矛の先から滴る海水が積もってできた島が淤能碁呂《おのころ》島です。その島にお降りになって、大きな柱を立て、大きな御殿をお建てになりました。」　（前掲『新訂古事記』）

前章で、「天」と「海」とは神聖な場所として同一視されていた可能性があることについて延べました。右の書き下し文を読むと、「あま」つまり海の上の雲の中に神がいて、そこから矛を下ろして島々をつくっていく、というイメージがしっくりくることがわかると思います。

同時に、後に詳しく述べますが、イザナギ・イザナミが造っていく、また産んでいくものが「島」であることはたいへん重要です。できあがっていくものが「島」であるということが、ここで明らかに認識されているのです。

現実社会の起源として記された高天原

アマテラスは生まれた時点で、古事記においても日本書紀においても、高天原を治めるように、命じられています。高天原に住んでいる神々を「天津神」と呼ぶわけですが、さて、この高天原での暮らしはどのようなものだったでしょうか。

「天照らす大神が田を作っておられたその田の畔をこわしたり溝を埋めたりし、また新穀を召し上がる御殿に屎をし散らしました。」
現代語訳「天照らす大神が清らかな機織場においでになって神様の御衣服を織らせておいでになる時に、その機織場の屋根に穴をあけて斑駒の皮をむいて堕し入れたので、機織女が驚いて機織りに使う板で陰をついて死んでしまいました。」（前掲『新訂古事記』）

現代語訳「何となれば天照大神は天狭田・長田を神田としておられたが、素盞嗚命は、春は種を重ね播きし、あるいは田の畔をこわしたりなどした。秋はまだら毛の馬を放して、田の中を荒らした。また天照大神が新嘗の祭（新穀を神にお供えする祭事）を行っておられるときに、こっそりとその部屋に糞をした。また天照大神が神衣を織るため、神聖な機殿においでになるのを見て、まだら毛の馬の皮を剥いで、御殿の屋根に穴を開けて投げ入れた。」

（前掲『全現代語訳日本書紀』）

右に引用したのは、古事記、日本書紀ともに、スサノオ（素戔嗚命）が高天原で狼藉を働く部分の現代語訳です。スサノオは、古事記によれば母つまりイザナミが恋しいということで、日本書紀によれば無道のために天下にはいられなくなったということで、黄泉の国へ向かうことになります。

スサノオは、高天原へ、姉であるアマテラスに別れの挨拶をしにやってきました。ここで姉弟の確執があり、一種の競争に勝ったスサノオが調子に乗って右記の狼藉を働くわけです。

このあとに、有名な天岩戸のエピソードが続きます。アマテラスはスサノオを恐れて、天岩戸に隠れてしまいます。

ここで注目しておきたいのは、スサノオの乱暴ぶりということではありません。現実の人間社会とまったく同じ生活、つまり稲作、機織りなどの生産労働作業が高天原にはあったと書かれていることが重要です。

日本書紀には、「(天照大神は) 粟・稗・麦・豆を畑の種とし、稲を水田の種とした。それで天の邑君（村長）を定められた。その稲種を天狭田と長田に植えた。その秋の垂穂は、八握りもある程しなって、大そう気持よかった。また大神は口の中に、蚕の繭をふくんで糸を抽くことが出来た。これからはじめて養蚕ができるようになった。」（前掲『全現代語訳日本書紀』）といった、さらに具体的な記述もあります。

高天原は触れてはいけない謎ではない

オオクニヌシの国譲りによって、葦原中津国は、天津神つまり高天原の神によって平定されます。平定されたというので、次には実際に葦原中津国を治めるべく、アマテラスの孫にあたるニニギノミコトが派遣されることになって、天孫降臨をする、つまり天降ることになります。

前章で、天孫降臨を、垂直方向に空から神が降りて来た、とイメージ通りに解釈してしまうのはあまりにも早計であり、「天降り」は「海降り」に置き換えられる可能性が十分にあり、天孫降臨は、「海を使った移動」以外にありえない、ということについて述べました。

では、ニニギノミコトはいったい、どこから「降りた」のでしょうか。もう一度、天孫降臨神話の「天降り」の部分を古事記に見てみます。

「かれここに天の日子番の邇邇芸の命、天の石位を離れ、天の八重多那雲を押し分けて、稜威の道別き道別きて、天の浮橋に、浮きじまり、そりたたして、筑紫の日向の高千穂の霊じふる峰に天降りましき。」

現代語訳「そこで天つ日子番の邇邇芸の命に仰せになって、天上の御座を離れ、八重立つ雲を押し分け、天からの階段によって、下の世界に浮洲があり、それにお立ちになって、遂に筑紫の東方なる高千穂の尊い峰にお降り申さしめました。」

（前掲『新訂古事記』）

「天の石位を離れ」と書かれています。日本書紀もまた、「天磐座を離ち」としています。ともに「あまのいわくら」です。

ニニギノミコトをはじめとする天孫降臨の一行の道案内役を務めるサルタヒコという国津神がいます。サルタヒコは「天の八衢」という分かれ道にいて、そのプロフィールを「上は高天の原を光らし下は葦原の中つ国を光らす神」（前掲『新訂古事記』）と紹介されていますから、天の石位が、高天原に用意されていたニニギノミコトのための御座であったことはまず間違いないでしょう。しかし、「降った」場所が「筑紫の日向の高千穂の霊じふる峰」とまずまず具体的・現実的であるのに対して、天孫降臨の出発点つまり高天原がどこにあったのかについての具体的な記述はありません。

江戸時代の国学者・本居宣長は大著『古事記伝』の中で、「高天原は、すなはち天なり」とし、その後に、このことを強調する注意書き（割注）として、「然るを、天皇の京を云フなど云る説は、いみじく古ヘノ傳へにそむける私説なり。凡て世の物知人みな漢籍意（＝からごころ）に泥み溺れて、神の御上の奇靈《くしび》きを疑ヒて、虚空の上に高天ノ原あることを信ざるは、いと愚なり」と述べています。「高天原は神住まう場所であるから、天上や天より高い宇宙にきまっており、それ以外の場所を考えるのは不遜である」と宣長は言っているわけです。

天皇の神格化に励む戦前の皇国史観は、宣長らのこうした考え方を大いに頼りにしました。同時に、前述した津田左右吉の、「（中略）人智の発達した後において生じた詩的想像の産物が古い物語に少なくないことを注意しなければならぬ。天上の世界とか地下の国土とかの話は、その根柢に宗教思想なども潜在しているであろうが、それが物語になって現われるのはこの種の想像の力によるのである。事実としてはあり得べからざる、日常経験から見れば不合理な、空想世界がこうして造り出されることは、後世とても同様であって、普通にロオマンスというものにはすべてこの性質がある。それを一々事実と見て高天原という天上の世界は実は海外の某地方のことだなどと考えるのが無意味であることはいうまでもなかろう」(『神代史の研究法』――津田左右吉歴史論集―― 岩波書店)といった考え方を糾弾しました。

しかし、著書『高天原は関東にあった　日本神話と考古学を再考する』で私が検証した通り、宣長的な「考えることをしてはいけない」という姿勢でもなく、津田的な「空想世界」という考え方でもなく、神話に描かれた高天原の具体性および高天原という場所自体の現実性を説明する理論が今やしっかりと存在するのです。

日本神話を歴史的事実の記憶として読み解く理論は今や私の手元にきちんとあり、本書はそれを基本としています。日本神話に対しては、今こそ、国の歴史の骨格として積極的に、十分に肯定していくことができるのです。

島国という国家意識を示す国産みの神話

「国をつくる」ということは、そこに住む人々が、他者との関わり、目の前にある風景を「国として認知していく」ということと同義です。したがって、「神々が国をつくった」と言う場合、時にそれは、すでに存在していた日本というもの、つまり国家というものの一部として神々がつくった国を人々が認定する、という意味である場合があります。

現在、日本は島国です。地理的に見た場合には、完全に孤立しています。

日本列島が完全に大陸から離れたのは、約一万三〇〇〇〜二〇〇〇〇年前のこととされています。現在の宗谷海峡にあたる地域が、氷河期の終了にともなって海中に没することにより、ほぼ現在のかたちの日本列島となりました。

とはいえ、日本列島が今のかたちになってから人々が住み始めたわけではありません。その数万年以上前から、日本列島に人は住み、文明を展開していました。

日本列島に旧石器時代の遺跡（主に三万〜一万年前の後期旧石器時代の遺跡）は、日本旧石器学界による二〇一〇年の集計で一万一五〇〇遺跡を数えます。ちなみに一方、朝鮮半島では、旧石器時代の遺跡発掘は五〇遺跡程度にとどまります。

たとえば、これは、日高見国が一大国家としてまず東日本に存在したことの根拠のひとつとも言えるのですが、茨城県鹿嶋市の鹿島神宮の近くに「常陸伏見遺跡」と呼ばれる遺跡があります。一九七六年の第一次遺跡調査の段階で、すでに石器集地点（石器が集中して出土する地点）が四箇所発見されていました。

常陸伏見遺跡では石器製作場ともみられる跡も見つかっています。ナイフ型石器をはじめとする出土した石器は、二万四〇〇〇年前〜二万年前、あるいは一万九〇〇〇年前〜一万五〇〇〇年前のものだとわかりました。

鹿島神宮近辺にはまた、「厨台遺跡群」「中町附遺跡」などの旧石器時代からの遺跡があります。注目すべきは、これらの遺跡が、旧石器時代という単独の時代の遺跡としてのみ存在するわけではないということです。

たとえば常陸伏見遺跡は、旧石器時代から縄文時代早期・前期・中期・後期にわたる複合遺跡です。そこでは、現在の鹿島の人々の暮らしも続いています。いかにこの地で、古くから多くの人々が、定住の形態で住み続けていたかを意味しています。日本は、そういう国柄なのです。

長い間、陸続きであったものがいつしか大陸から離れ、地理的にも離れます。この頃には、「日本は島国として独立している状態である」という認識が始まっていたに違いありません。

そしてこの、島国として日本という国家を認識したという歴史の記憶が、前述したイザナギ・イザナミの国産みの神話で語られているのです。イザナギとイザナミは、まず、次の八島を産んでいきます。

淡道之穂之狭別島（淡路島）
伊予之二名島（四国）
隠伎之三子島（隠岐島）
筑紫島（九州）

伊伎島（壱岐島）
津島（対馬）
佐度島（佐渡島）
大倭豊秋津島（本州）

「かれこの八島のまづ生まれしに因りて、大八島国といふ。」（前掲『新訂古事記』）

イザナギ・イザナミによる大八島形成の伝承は、きわめて古い時代の段階で、すでに日本人あるいは日本にやってきた人々が持っていた、こうした島々の結合体が日本というもの、日本という国家であるという意識が反映しているに違いありません。

縄文時代にはすでにあった国家体系

原始という言葉はもっぱら、未開である、劣っている、といったニュアンスでしばしば使われます。縄文も含めた古い時代は、原始人がわけもなく日本にたどりつき、あちらこちらに住み着き、といった具合に、未だにいわゆる原始社会のイメージでとらえられていることが多いようです。

縄文時代が狩猟・採集・漁労社会であることはよく知られています。同時代、大陸の場合には、狩猟民族は移動生活を営んでいました。移動しなければ、十分に食糧を確保できないからです。そして、ここに日本の独自性はありました。

前項で述べた茨城県の常陸伏見遺跡に見られるように、日本の場合は、狩猟・採集・漁労社会であっても定住したのです。住居をつくり、村を形成して定住しました。

稲作技術の進んだ農耕社会が定住を促したのではありません。狩猟・採集・漁労社会において、すでに定住していたのです。

日本の近海には暖流が流れ込んでカツオ、マダイ、スズキといった海の幸が豊富でした。内陸はナラ、ブナなどの温帯の落葉樹林におおわれていました。

ことに東日本は、豊かな木の実や山芋などのほかに、サケ、マスなどの川魚にも恵まれていました。イノシシ、シカ、マガモ、キジなどの山の幸の他に、豊富な貝類も近隣で手に入ります。

食料に恵まれていた日本列島の住人は、言ってしまえば、農耕を開始する必要がありませんでした。農耕の開始が進歩の起点となるというのは、西洋のみに通用する考え方です。日本には当てはまりません。これは日本の縄文学者の共通する考えでもあります。

定住することによって、その土地その土地で人々の結びつきが生まれ、各地にいわゆる

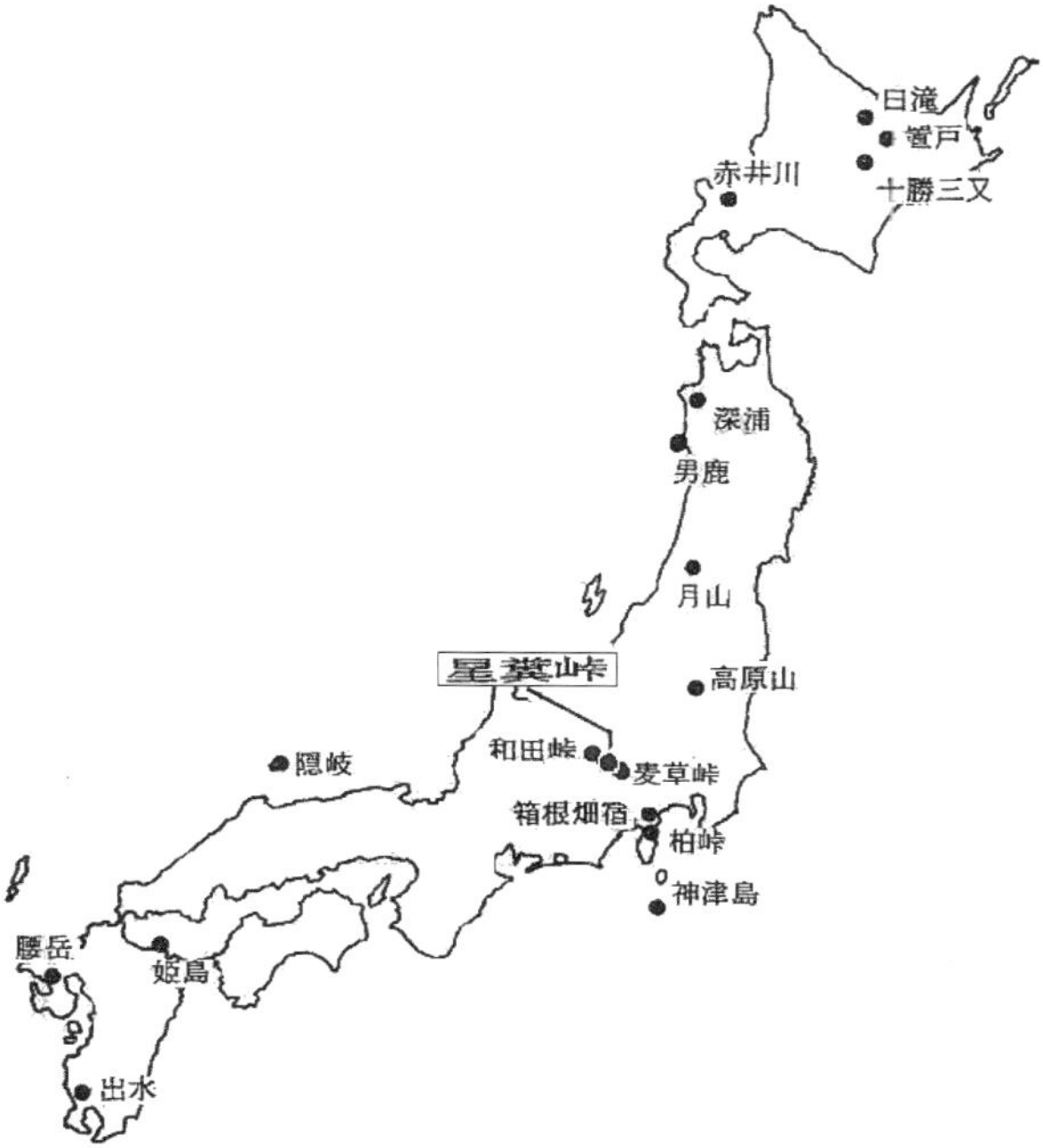

日本の黒曜石の分布

家族連合が生じます。各地の家族連合は、互いにもっぱら生活物資の入手に関わることの情報を交わすために連絡を取り合うようになり、ある種の商業関係というものが成立していきます。

　たとえば、黒曜石は古来、刃を伴う石器の素材として非常に優れており珍重されました。旧石器時代から弥生時代まで一般的に広く利用され、今でも、黒曜石は医療用メスの素材として使われています。

北海道白滝村は黒曜石の産地として今も有名です。黒曜石を産出する標高一〇〇〇m強の赤石山に、後期旧石器時代の白滝遺跡が残されています。

白滝遺跡の調査から、ここでは、標高によって「切り出し基地」「中継地」「集落」とに分かれていたことがわかっています。産出・加工された黒曜石器は、数十キロ、またそれ以上離れた各地の拠点を中継地として全道各地に運ばれていました。

このように、縄文以前、すでに物流ネットワークは存在していました。日本列島産の黒曜石がサハリンや朝鮮半島の遺跡で出土している事実もあります。船の素材は木ですからなかなか残りにくいのですが、それでも列島各地の遺跡から出土した丸木舟は現在二〇〇隻程度にのぼり、縄文時代の外洋船の可能性も研究されています。

商業取引のために移動する人々がいました。交換ないし売買の関係を各地と結んでいきました。

人々は自らが拠点とする土地および家族連合と、相手との位置関係を認識します。こういった日本列島内の状態は、それを国家と呼ばないことの方がかえって不自然でしょう。国というものを認識できる、ある種の国家体系があったからこそ、高天原に天津神がおられるといった文化的な概念も生まれます。そして、この国家こそが、「日高見国」でした。

前述した「縄文人口シミュレーション」のデータからも明らかなように、日高見国は東日本を統括した一大国家でした。したがって、高天原は日高見国に、つまり、東日本にあったと考えられるのです。

高天原はどこにあったか

高天原は東日本に存在し、日高見国にありました。それを考える際に最も重要なのは、タカミムスビ（高御産巣日神）という神です。

タカミムスビは、天地開闢の際に「高天原」に成った最初の造化三神の一柱で、アマテラスよりも古い存在です。古事記ではこう書かれています。

「昔、この世界の一番始めの時に、天で御出現になった神様は、お名を天の御中主の神といいました。次の神様は高御産巣日の神、次の神様は神産巣日の神、このお三方は皆お独りで御出現になって、現実の姿形を現しませんでした。」

（前掲『新訂古事記』）

タカミムスビは「高御産巣日」と書かれています。同時に「高見・産巣・日」と読むことができ、実に日高見国の「日高見」の三文字が入っています。そして、タカミムスビは、国譲りの際、出雲のオオクニヌシのもとにタケミカヅチ（建御雷神）とフツヌシ（経津主神）を派遣した神でした。

タケミカヅチは茨城県鹿嶋市の「鹿島神宮」に祭られている神です。フツヌシは、鹿島神宮から二〇㎞ほどしか離れていない千葉県香取市にある「香取神宮」に祀られている神です。すでに述べたように平安時代、「神宮」の称号がつく神社は、「大神宮（伊勢神宮内宮）」と、「鹿島神宮」、「香取神宮」の三つだけでした。律令の施行細則『延喜式』（九二七年成立）にある当時の全国の神社一覧リスト「延喜式神名帳」を見ればわかります。そして、「鹿島神宮」「香取神宮」は伊勢神宮よりはるかに創建が古いのです。

このことから、タケミカヅチとフツヌシは、関東発祥または関東を主拠点としていた、国譲りの最前線に立つほどにたいへん重要な神であることがわかります。タカミムスビはその司令官ですから、間違いなく、関東を束ねていた日高見国の統治者です。

日本神話の神々は、縄文・弥生と呼ばれている時代に、広く東日本でそれぞれの国家的役目を担った家系の記憶だと考えられます。実際に存在した人々が綿々と家系を継ぎ、その家系がタカミムスビと呼ばれ、タケミカヅチと呼ばれ、フツヌシと呼ばれたに違いありません。

アマテラスも同様に家系として存在したのであり、タカミムスビは、「日を高く見る国」

現在の鹿島神宮本殿

現在の香取神宮本殿

という名の通り、太陽神・アマテラスを掲げて、エジプトのような祭祀国「日高見国」を率いていたのだと考えられます。しかもエジプトよりも古いのです。記紀を読めばわかる通り、タカミムスビは神話全体を通じてアマテラスをサポートする無比の存在として活躍しています。

日高見国は東日本全体の広い地域を差し、同時に「高天原」は、実質的に「日高見国」を意味していたと考えられます。そしてその象徴として、実際に目に見えるかたちとして、「高天原」は確かにありました。富士山です。

富士山が「高天原」の最有力候補地であることは、タケミカヅチが生まれたいきさつを追ってみることでわかってきます。

富士山が高天原である可能性

タケミカヅチは、イザナミが火の神カグツチを生んだことがもとになって誕生した神です。イザナギは、イザナミを死に至らしめたカグツチに怒り、長い剣を抜いてその首をはねます。イザナギが使った剣に付いていた血が巌に飛び散ることで誕生した神のうちの一柱がタケミカヅチです。

火の神カグツチは、火山の事だと考えて間違いないでしょう。イザナギが剣をふるうことで飛び散るカグツチの血は火山活動を指していると考えられます。

この時、高天原はどんな様子だったでしょうか。記紀によれば、この頃の高天原には火

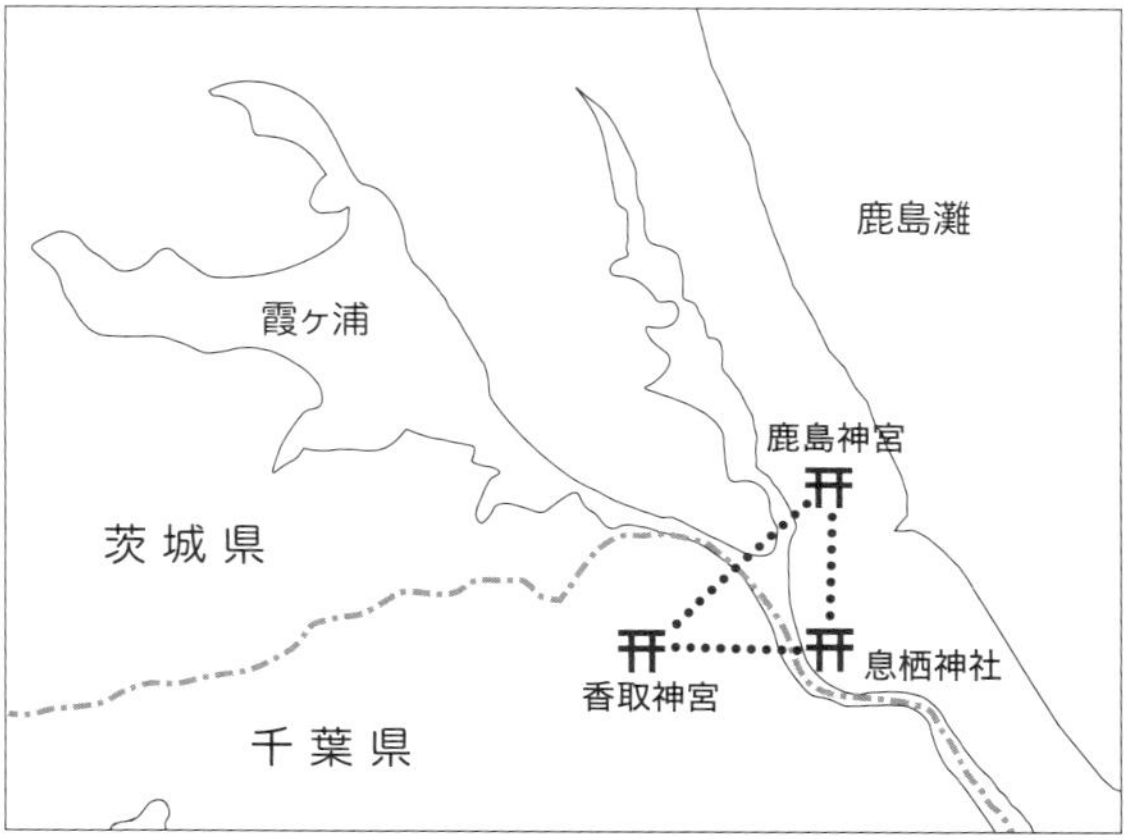

東国三社

山があり、天安河があり、天香山がありました。火山活動のはげしい山岳地帯の高原で、川があり、しかも、その川には急流の箇所があると書かれています。また、川は、山を崩すことによってせきとめられることのできる川だとしています。

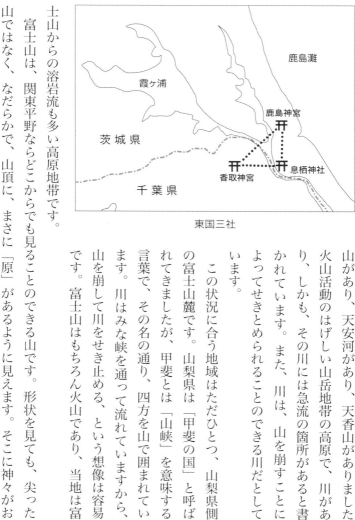

この状況に合う地域はただひとつ、山梨県側の富士山麓です。山梨県は「甲斐の国」と呼ばれてきましたが、甲斐とは「山峡」を意味する言葉で、その名の通り、四方を山で囲まれています。川はみな峡を通って流れていますから、山を崩して川をせき止める、という想像は容易です。富士山はもちろん火山であり、当地は富士山からの溶岩流も多い高原地帯です。

富士山は、関東平野ならどこからでも見ることのできる山です。形状を見ても、尖った山ではなく、なだらかで、山頂に、まさに「原」があるように見えます。そこに神々がおられると考えることは、とても自然なことでしょう。夥しい数の富士塚や郷土富士など、後の富士山信仰の由来はこんなところにもあるはずです。

「鹿島神宮」では、拝殿したときの正面直角右方向に富士山が位置します。「香取神宮」では、正面直角左方向に富士山が位置します。両神宮に足して東国三社と讃えられる「息栖神社」（茨城県神栖市）は真後ろ、つまり本殿真正面方向に富士山が位置します。すべて富士山を意識した設計になっていると考えられます。

日本神話における高天原の変化

前項で見たように、記紀は、高天原の具体性の手がかりを残しています。戦前の皇国史観が頼りにした、アンタッチャブルで神聖な世界は、あくまで皇国史観においてのものです。記紀では、高天原のポジション、権威といったものが全体の記述を通して変化していく様子が見て取れます。すなわちこれは、高天原が具体的な存在として認識されていたことを示しているはずです。

高天原は、最初は天高く、抽象的で、幻想的な場所でした。最初にアメノミナカヌシが成り、おびただしい数の神々が成って住むようになってから、段々と現実の、地上における世界と立場の変わらないものとなっていくのです。

「かれここに天照らす大御神見畏みて、天の石屋戸を開きてさし隠りましき。ここに高天の原皆暗く、葦原中つ国悉に暗し。」

（前掲『新訂古事記』）

現代語訳「此に由りて、發慍りまして、乃ち天石窟に入りまして、磐戸を閉して幽り居しぬ。故、六合の内常闇にして、晝夜の相代も知らず。」

（前掲『日本古典文学体系・日本書紀』）

右記はアマテラスが天の岩戸に隠れる場面です。ともに、高天原を特別な場所とはしていないことがわかります。日本書紀においては、《六合《くに》》という表現で、高天原も葦原中津国もまとめて一緒にしています。

つまり、記紀においては、高天原が地上にあったとしても、格別の問題はないと考えられている、ということです。日本書紀の末巻、持統天皇記に高天原は、持統天皇の系統の説明として登場します。

「高天原廣野姫天皇は、少の名は鸕野讃良皇女とまうす。天命開別天皇の第二女なり。」

（前掲『日本古典文学体系・日本書紀』）

「高天原廣野姫天皇」が持統天皇、「天命開別天皇」とは、天智天皇のことです。高天原は、ここではすでに追憶の場所と化していることがわかります。

ギリシャ神話を知っていた日本神話

「縄文人口シミュレーション」などの考古学的事実との符号、そして記紀に記された現実的な具体性から、日本神話は歴史的事実と重なり合っていると言うことができます。高天原にいた天津神が国津神の治めていた葦原中津国に降りる、つまり「天降る」という行為は、ある一族が他の一族を平定するために地上を移動するということだと理解することができるのであり、つまり、日本神話は歴史の記憶なのです。

ここが、ギリシャ神話などと大きく異なるところです。ギリシャ神話は、垂直移動の完全なファンタジーとして描かれます。ギリシャ神話は、実際のギリシャ半島および周辺の島々を舞台としながら、現実の世界からは完全に自立し、理想化され、確立した世界をつくりあげています。

たとえば、ギリシャ神話の天地創造はヘシオドスの『神統記』によれば次の通りです。

①最初にカオス（空隙）が生じた。

②次いで胸広きガイア（大地の女神）が生じた。
③また、奥底なる薄暗きタルタロス（奈落）と不死なる神々の中で最も美しいエロス（愛）が生じた。
④カオスからはエレポス（暗闇）とニュクス（夜）が生じ、さらにニュクスからはアイテール（大気）とヘメレ（昼）が生じた。
⑤さて、ガイアは最初に、わが身と等しい広さの星きらめくウラノス（天）を産んだ。
⑥また、ガイアは高き山々を産み、さらに波さわぐ不毛の海ポントスを産んだ。

ウラノス＝天、ガイア＝地、タルタロス＝地下世界（ハデスの冥界の、さらにはるか下に位置する）という構造は、日本神話も同様です。ギリシャ神話でいう地下冥界は、日本神話の黄泉の国にあたります。

火の神カクヅチを産んで死んだイザナミにもう一度会いたいということで、イザナギが行く先が黄泉の国です。「姿を見てはいけない」というイザナミが出した条件に背いたためにイザナギは、化物となったイザナミおよびそれに従う魔軍に追われることになり、地上に逃げ帰ります。

これに似た話がギリシャ神話の「オルフェウス」のエピソードです。吟遊詩人オルフェウスは、死んだ妻エウリディケを連れて地上に帰ることを冥界の王ハデスに許されますが、たったひとつの条件「地上に出るまで妻の顔を見てはいけない」という約束を破ったためにすべてが水泡に帰してしまいます。

天と大地と地下世界という構造、冥界・黄泉の国のエピソードの類似性は、何を意味しているでしょうか。記紀が成立された七〜八世紀に、またそれ以前に、もちろん、ギリシャ神話が文書として日本にあった可能性はありません。

しかし、記紀の編纂者、また、記紀の出典となった口承伝承は、ギリシャ神話を知っていたのです。

別世界ではなく地上にある黄泉の国

ユーラシア大陸の東端に位置する日本列島は世界全体から見た「日が上る地方」であり、人類はその発祥の時点から東を、つまり「日が上る」地を求めて移動したということは、著書『日本の起源は日高見国にあった　縄文・弥生時代の歴史的復元』で詳しく述べました。人々は、世界中から日本列島を目指して移動してきたのです。

ここで一つの証拠を示しておきましょう。上の図はカスピ海の西岸のコブスタン岩窟の石絵です。その中に、長い舟にのった人々の目ざすところが、太陽であったことを、舳先

コブスタン岩窟の石絵

に太陽が輝いていることで示されています。現地の案内書にも書かれているこの指摘は、当時の人々の思いを伝えているようです。

その移動を通して、世界の神話の断片が日本神話に集約されました。フランスの社会人類学・民族学者レヴィ＝ストロース（一九〇八〜二〇〇九年）はこう言っています。

『古事記』はより文学的ですし、『日本書紀』はより学者風です。しかしスタイルこそ違え、どちらも比類のない巧みさをもって世界の神話の重要テーマのすべてをまとめ上げています。そしておのおのの神話が、知らず知らずのうちに歴史に溶け込んでいます。こうして、「『日本神話』は広大な大陸の末端周辺部に位置し、また長く孤立していたにもかかわらず、そのもっとも古い文献が、他の地域ではバラバラの断片になった形でしか見られないさまざまな要素の完璧なる総合を示しえたのはなぜか」という、日本文化の根本問題が提起されます。」

（日文研フォーラム講演「世界の中の日本文化」一九八八年　訳・大橋保夫）

興味深いのは、日本の場合、現実的な歴史的事実が、レヴィ＝ストロースの言う「世界の神話の重要テーマ」に反映されている、ということです。

ギリシャ神話においては、冥界は地下以外にはありません。冥界の王ハデスはいちいち地上に上がっては見廻りをしています。冥界と地上は別です。

日本には、イザナミの亡骸が葬られた場所、イザナミの墓とされている場所が一〇箇所以上あります。古事記には、出雲国と伯耆国の境にある比婆山に葬ったと記されています。伯耆国は今の鳥取県です。比婆山は広島県庄原市と島根県安来市にあり、両山ともイザナミの墓とされる塚があります。

レヴィ・ストロース

日本書紀は、イザナミの亡骸は紀伊国熊野の有馬村に葬られた、と記しています。現在の三重県熊野市有馬町にある「花の窟」と呼ばれる岩壁がその場所とされています。

明治三三年（一九〇〇年）には、時の宮内省が現・島根県松江市にある神納山を「岩坂陵墓参考地」と呼称し、イザナミの墓として伝説される中でも特に保存されるべきものと指定しました。大正一〇年（一九二一年）には、時の内務省が現・鳥取県日南町にある御墓山を「伊弉冉尊御陵流伝地」に指定しました。ともに戦前の国体政策によるものでしょうが、どうあれ、その地に根強い伝承があったのは間違いないことです。

イザナミの墓（「花の窟」神社、三重県熊野市）

　これらのイザナミの墓の伝承を考えれば、結局、冥界というものも地上にあるのだと人々は認識していた、ということを想定していいだろうと私は思います。そして、その冥界というものの場所についても、その出入り口「黄泉比良坂」は今の島根県松江市東出雲町にあったとされており、『出雲国風土記』に記されている黄泉の国へ通じる洞窟は、島根県出雲市猪目町にある「猪目洞窟」だとされています。

イザナミの墓、黄泉の国がある場所の意味

問題は、これら通説の真偽、事実か虚構かといったことではありません。イザナミが葬られた場所、また、黄泉の国の場所についての伝承が、出雲と伊勢という場所を強く指し

ているということが重要なのです。

地理的関係で考えてみましょう。前述した通り、高天原は関東にあります。人口から考えても当時の日本の中心地です。

そして、地上つまり葦原中津国は、日本列島全域という意味ではありますが、黄泉の国がそこにあると認識されている点において、特に出雲と伊勢が、関東の高天原に対応するかなり特別な意味を持つ地域として考えられていたと言うことができます。高天原にとって、ままにならない地域、危険な地域、しかし重要な地域、と評価されていたと言ってもいいかもしれません。

アマテラスを掲げてタカミムスビがとりしきる東日本の一大国家「日高見国」は、大陸の、今で言う周王朝から春秋戦国時代、大帝国・秦の誕生へと向かう情勢をにらんで、日本列島の統治統一を計画します。当然、それは外来の移民を含んで人口増加傾向にある西日本の平定を意味します。

まず平定すべき要所は出雲にあり、したがって「国譲り」という平定事業があり、関東・鹿島から出発した遠征船団の中継地として伊勢・熊野があります。熊野や出雲に残る冥界の伝承は、こうした政治的状況と地理的関係で十分に説明できるわけです。

そして、これらの歴史的事実は人々によって記憶され、年月を経るとともに、高天原、葦原中津国、冥界という神話構造に沿ってまとめられ、口承されていったのだと考えられます。

ここまでのポイントを簡単に整理すると、次のようになります。

※日本列島は、当初、東日本に人口が集中しており、日高見国が統治していた。

※高天原は、実質的には日高見国の勢力を指していた。目に見える象徴としては富士山をさしていた可能性が高い。

※寒冷化による人々の南下および海外からの移民による西日本の人口増加と、大陸情勢に備えるべき列島防衛の観点から、日高見国は全国的な国家統一を計画した。国譲りが、その手始めとなった。

国譲りの実相についてては、拙著『日本の起源は日高見国にあった　縄文・弥生時代の歴史的復元』で詳しく述べましたので、ぜひお読みください。この「国譲り」によって西日本の平定が契約され、東の日高見国がいよいよ実務的に、後に大和と呼ばれる地域に向かって「下って」いく、つまり実際の支配に「向かう」、というのが、この本のテーマである「天孫降臨」の実相です。天孫降臨とは日本の国家統一事業であり、具体的に言えば現在の茨城県鹿嶋市にある鹿島神宮から出発した大軍事船団の遠征の記憶なのです。

第二章　「天孫降臨」の真実と通説の誤ち

簡単ではなかった降臨の道のり

それではいよいよ、「天孫降臨」を、その過程をたどりながら解釈していきたいと思います。記紀によれば、「ニニギノミコトがアマテラスの神勅をうけて、葦原中津国を治めるために日向国の高千穂の峰に天降る」のが天孫降臨です。

先にすでに現代語訳で紹介していますが、古事記は「そこで天つ日子番の邇邇芸の命に仰せになって、天上の御座を離れ、八重立つ雲を押し分け、天からの階段によって、下の世界に浮洲があり、それにお立ちになって、遂に筑紫の東方なる高千穂の尊い峰にお降り申さしめました」（前掲『新訂古事記』）とし、日本書紀は「皇孫は天の磐座を離れ、天の八重雲を押しひらき、勢いよく道をふみ分けて進み、日向の襲の高千穂の峯にお降りになった」（前掲『全現代語訳日本書紀』）としています。

読めばわかる通り、ニニギノミコトが高天原の御座を離れるまではいいのですが、その後、高千穂の峰に降りるまでの具体的な記述がありません。八重雲を押し分けて、天からの階段（天の浮橋）を使って道を踏み分けて進み、ということなのですが、きわめて抽象的です。

垂直性で考える、従来の通説のイメージであれば、ここに何も疑問はなく、問題もないでしょう。上方、空から神が垂直的に降りてくる美しい様子、ということで話は済んでしまいます。

しかし、天孫降臨神話には、ニニギノミコトならびにアメノコヤネノミコト（天児屋命）ら随行する天津神を道案内する国津神・サルタヒコ（猿田彦命）が登場します。サルタヒコの存在は、高天原から高千穂の峰までの道のりが、それほど簡単なものではなかったことを予測させます。

「八重雲を押し分けて、天の浮橋を使って道を踏み分けて進み」という旅はどのようなものだったでしょうか。それを読み解くには、やはりまず、天孫降臨神話に記された降臨前後の事情を見ていく必要があります。

当初の予定は「天子降臨」

天孫降臨は、アマテラスが主導したものです。その事情は古事記に、次のように記されています。

「ここに天照らす大御神高木の神の命もちて、太子正勝吾勝勝速日天の忍穂耳の命に詔りたまはく、「今葦原の中つ国を平け訖へぬと白す。かれ言よさし賜へるまにまに、降りまして知らしめせ」とのりたまひき。」

現代語訳「そこで天照らす大御神、高木の神のお言葉で、太子正勝吾勝勝速日天の忍穂耳の命に仰せになるには、「今葦原の中心の国は平定し終わったと申すことである。それ故、申しつけたとおりに降って行ってお治めなさるがよい」と仰せになりました。」

（前掲『新訂古事記』）

高木の神とは、タカミムスビのことです。ここでわかる通り、降臨すべき神は当初、ニニギノミコトの予定ではありませんでした。アマテラスはまず、御子のアマノオシホミミ（正勝吾勝勝速日天忍穂耳命）に降臨を依頼するのです。

古事記によればアマノオシホミミは、「アマテラスが左の髪に巻いていた大きな勾玉がたくさんついている珠をスサノオが受取り、天の真名井の水で洗ってから口に入れて噛みに噛み、吹き捨てる息の霧の中から現れた神」です。この時、アマテラスが身につけていた珠にちなんで五柱の男神が生まれており、アマノオシホミミはその長男ということになります。

ですから、当初の予定通りアマノオシホミミが降臨していれば、あえて言うならば「天子降臨」でした。しかし、アマノオシホミミは辞退します。

辞退の理由は「降りようとして支度をしている間に子供が生まれたので、その子の方を降ろしたい」ということでした。アマノオシホミミは、タカミムスビの娘であるヨロヅハタトヨアキツシヒメ（万幡豊秋津師比売命）を妻としていました。

このことから、タカミムスビという家系がアマテラスの直系に娘を嫁がせるほどの格を持つ家柄だったということがわかります。降臨という平定事業はタカミムスビの命令ということですから、タカミムスビは高天原の政治的リーダーです。

アマテラスの子とタカミムスビの娘との婚姻の関係から、平安時代の藤原氏のあり方をここに見ることもできるでしょう。記紀編纂時代の朝廷の中心人物・藤原不比等の脚色が記紀にはあるという説は、これを根拠のひとつともしています。

ここで、少々考えなければならないことがあります。アマテラスは「今葦原の中心の国は平定し終わったと申すことである」と言っています。この「葦原の中心の国」が何を指しているのかという問題です。

葦原中津国という名が意味する場所

通説では、葦原中津国というのは、高天原に対して地上、つまり日本列島全域を指すとされています。これに従えば、「今葦原の中心の国は平定し終わったと申すことである。

それ故、申しつけたとおりに降って行ってお治めなさるがよい」というアマテラスの言葉は、日本全体の平定が終わったので行って実際に治めなさい、ということになります。

しかし、そうすると、天孫降臨後に控えている神武天皇の東征が何のためなのかがわからなくなります。東征に記されている激しい戦いが意味するところ、さらには、東征が奈良・大和の地で終わっていることの説明がつきません。

天孫降臨に先立つ国譲り神話で、派遣されたタケミカヅチはオオクニヌシと交渉します。「汝が領しける葦原の中つ国は、我が御子（アマテラス）の知らさむ国と言よさしたまへり」という言い方、つまり、あなたが今領地としている葦原中津国はアマテラスが治めるべきものだから譲りなさい、という言い方で説得します。

ここでも、葦原中津国は漠然と日本全体を指すような印象があります。しかし、ここで言われている葦原中津国を日本全体ととらえた場合、最後まで抵抗を続けたオオクニヌシの子・タケミナカタが降参した場所がなぜ具体的に「信濃の国の諏訪の湖」としてあるのか、なかなか説明がつきません。

「信濃の国の諏訪の湖」は、タケミナカタの勢力圏つまり出雲系勢力と高天原系勢力の境界なのです。高天原方のタケミカヅチは、信濃の国の諏訪湖あたりまであった自身の勢力圏までタケミナカタを追い詰めて国譲りを成功させたのだということは、著書『日本の起源は日高見国にあった　縄文・弥生時代の歴史的復元』の中で詳しく述べました。

私は、葦原中津国の「葦原」という言葉に注目すべきだろうと思います。水がふんだんにあり、葦ないしそれに形状の似ている植物が豊かに生え茂っている土地の様子が「葦原」です。

「縄文人口シミュレーション」から見て取れるように縄文時代の人口は関東に集中し、日高見国の中心は関東にありました。葦原中津国とは、間違いなく、関東地方の豊穣な土地の様子を表した言葉です。

葦原中津国という名称は、やがて日高見国の勢力圏である関東東北一体を指す言葉となり、やがて、日本国土を漠然と指す名称となったと考えられます。したがって、葦原中津国は、その名称が使われた時、その時々で地理的に位置が異なる場合があります。

天孫降臨の時、本来の意味の葦原中津国である関東東北は、日高見国として高天原が治め、すでに統一は終わっていました。アマテラスが言った、天降るべき葦原中津国は、つまりは西日本を指していると考えるべきだろうと私は思います。

日高見国と大陸の情勢

東日本の意味でいう葦原中津国はすでに平定されています。東北、関東、また、長野、静岡といった中部くらいまでは勢力圏として固めており、あるいは、伊勢、今の愛知県あたりまでは治められていたかもしれません。

残るのは、大和つまり奈良県あたりから九州にかけての西日本です。アマテラスは、それを治めなさいということで天孫降臨を命じたのです。こういった天孫降臨の具体性はいままで誰も語らず、説明されてこなかったのですが、私は、以上のように考えざるをえないと思います。

前に少し触れましたが、このことには大陸の情勢が大いに関わっているはずです。紀元前八世紀とされていますが、王朝分裂状態の春秋時代が始まります。紀元前五世紀の初頭には群雄割拠の戦国時代が始まり、起源前二二一年に秦の始皇帝が各国を傘下に収めて統一します。

武器の進化があり、戦車戦から人員大量投入戦である歩兵戦に戦争形態は変わり、大陸では国家総力戦が主流となっていった時代でした。戦は激しく、敗者となった場合の損害は甚大で、当然、難民のかたちでの日本列島への移民が想定されます。「縄文人口シミュレーション」を見ると、実際に縄文後期（約四〇〇〇年前～三〇〇〇年前）以降、九州の人口は倍増しています。

さて、このような古い時代に、大陸の情勢というものを日本が知る機会はあったでしょうか。歴史学ではフィクションとしての扱いがほぼ常識となっている「徐福伝説」というものが日本にあります。徐福は、司馬遷の『史記』に登場する、始皇帝に仕えた紀元前三世紀頃の方士（卜筮、医術、錬金術などの方術を専門とする学者）です。

この徐福が来日して滞在していたという伝説が、青森県から鹿児島県まで日本各地に残っています。京都府与謝郡の「新井崎神社」、三重県熊野市の「徐福ノ宮」など、徐福を祀る神社の存在は、徐福がフィクションであるにしても、大陸からやってきた、政治に関わりのある人物あるいは知識人の存在を予想させます。偽書とされている江戸時代の『富士古文書』もそれを伝えています。徐福が上陸したと伝わる三重県熊野市波田須町では、約二二〇〇年前の秦の時代の古銭「半両銭」が出土しています。

徐福ノ宮（熊野市波田須町）

長い戦乱を始皇帝が収束させればさせたことで、秦という大帝国の成立は、必然的に周辺諸外国の脅威となります。その後の漢王朝（紀元前二〇六年成立）が積極的に拡大政策を取っていることは、こちらは確実に、移民をはじめとする人々から情報入手していたことでしょう。

日高見国には、日本列島の西半分、今までは人口が少なく問題とする必要はなかった西半分をどうしても、高天原系の勢力で固めなければいけない必要が潜在的にありました。大陸の脅威は、日高見国が国家組織としては衰えた以降も、高天原系の勢力には大きな政治的テーマとして常に掲げられていた問題です。そしてそれはまた、二一世紀の現在においても変わっていないと言えるでしょう。

ニニギノミコトとその一行

西日本たる葦原中津国を治めなさいということで最初に降臨を命じられたアマノオシホミミには、その準備をしている間に御子のニニギノミコトが生まれます。ニニギノミコトは、タカミムスビの娘・ヨロヅハタトヨアキツシヒメとの間に生まれました。

日高見国は、太陽神であるアマノオシホミミの母・アマテラスを国家の象徴的存在として掲げ、タカミムスビを実際の統治者とする国です。平安時代の天皇と藤原氏の関係のような、権威と権力の関係の中で生まれたのがニニギノミコトです。

ニニギノミコトは天降りを命じられて高天原を出発します。天降ろうとしたところに、何か邪魔者のようにいるのがサルタヒコです。

サルタヒコに出会った場所は「天の八衢」です。天の八衢は、高天原から地上に通じる多数の分かれ道の分岐点でした。

サルタヒコは、古事記によれば「上は高天原を照らし、下は葦原中津国を照らす神」です。日本書紀にはその容貌について「鼻の長さは七咫、身長は七尺あまり。正に七尋と言うべき大きさ。口の端が明るく光っていて、目は八咫の鏡のようで、それが照り輝く様子は赤ほうずきに似ている」と記されています。

サルタヒコの異形は、特別な能力を持っていることの表れです。サルタヒコとはどういった存在であるかについては、後に詳しく述べることにします。

サルタヒコの正体がわからず、天の八衢を通過できずにいるニニギノミコトを援助するために、アマテラスはタカミムスビの指示によって、お供の神々を派遣します（日本書紀ではすでに一緒にいます）。天岩戸の裸踊りで知られるアメノウズメ（天鈿女命）もそのひとりで、特別にアマテラスから「おまえはか弱い女だが、神と対決して顔で勝つ神だ。天の八衢にいる神に正体を尋ねろ」といいつかっていました。

日本書紀では、アメノウズメは「胸を露わにむき出して、腰紐を臍の下まで押し下げ、嘲笑って」サルタヒコに相対します。天岩戸の時と同様の方法で、使命を果たすわけです。

サルタヒコは「アマテラスの御子がお降りになるというので、お仕えするべく待ってい

	八咫の鏡（やたのかがみ）	八尺瓊勾玉（やさかにのまがたま）	草薙の剣（くさなぎのつるぎ）
	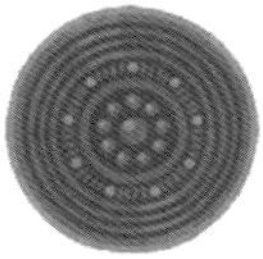	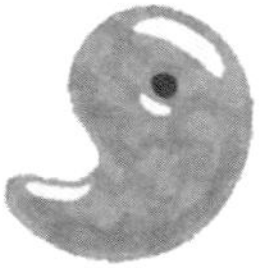	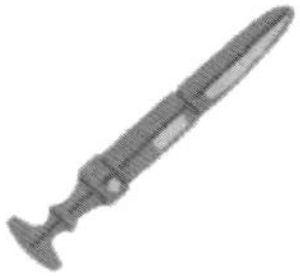
本物	伊勢神宮内宮	皇居御所　剣璽の間	熱田神社
形代	皇居賢所	―	皇居御所　剣璽の間

三種の神器　現在の所在場所

た」と答えます。

日本書紀では、アメノウズメは「お前はどこにいくのか、天孫はどこへおいでになるのか」とさらに質問しています。サルタヒコはその行く先を「筑紫の日向の高千穂の槵触峯」とし、自らの行く場所については「伊勢の狭長田の五十鈴の川上に行く」と具体的に告げています。

こうした経緯があって、ニニギノミコトは、アメノコヤネ（天児屋命）、フトダマ（布刀玉命）、前出のアメノウズメ、イシコリドメ（伊斯許理度売命）、タマノオヤ（玉祖命）の、五部族の神を従えて天降ることになります。アメノコヤネは後に藤原氏となる中臣氏の遠祖、フトタマは後に朝廷の祭祀を担う忌部氏の遠祖、アメノウズメは後に祭祀の際に舞を担当する猿女君の遠祖、イシコリドメは鏡作の連の遠祖、タマノオヤは玉作の連の遠祖であることが記されています。

ここで注目したいのは、アマテラスが、八尺瓊勾玉《やさかにのまがたま》と八《や》

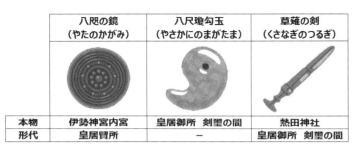

咫鏡《たのかがみ》と草薙剣《くさなぎのつるぎ》、つまり後に言う三種の神器をニニギノミコトに与えて送り出していることです。アマテラスはまた、オモイカネ（思金神）、タヂカラオ（手力男命）、アメノイワトアケ（天石門別神）の三神を追加しました。

そしてアマテラスは、「八咫鏡はもっぱら私の魂として、私が目前にいるのと同じく祭りなさい。オモイカネは、私の子孫たちの御前で政治を司りなさい」と言うのです。

正統な家系と血統による統治

ニニギノミコトが天孫降臨をする際にアマテラスが持たせた三種の神器と、八咫の鏡についての指示には、「祭祀国をつくろうという意思がはっきりと表れている」と言うことができるでしょう。このことから、縄文時代の日本のあり方が祭祀を中心とした国家だった、日高見国とはそういう国だったということがわかるのです。

律令制的な、法律を整備し、軍隊を組織し、といった国をつくろうというのではありません。国づくりの指針は、まずは祭祀国をつくるということにあります。つまり、アマテラスを拝む、アマテラスを中心とした祭祀国をつくろう、ということです。

アマテラスは現在、三重県伊勢市にある伊勢神宮（正式名称は「神宮」）に祭られています。その由来は、日本書紀の垂仁天皇（第一一代）の巻に次のように記されています。

「天照大神は、倭姫命（垂仁天皇の第四皇女）に教えていわれるのに、「伊勢国はしきりに浪の打ち寄せる、傍国（中心ではないが）の美しい国である。この国に居りたいと思う」と。そこで大神のことばのままに、その祠を伊勢国に立てられた。そして斎宮（斎王のこもる宮）を五十鈴川のほとりに立てた。これを磯宮という。天照大神が始めて天より降られたところである。」

（前掲『全現代語訳日本書紀』）

伊勢神宮の記録資料『太神宮諸雑事記』には、天武天皇の御代、朱雀三年（六八五）の九月に式年遷宮の制度が定められたとあります。伊勢神宮が現在のような姿に、また、格式を超えた最も尊ぶべき神社とされたのはこの七世紀から八世紀、天武天皇から次代持統天皇の時代だと考えられます。

拙著『日本の起源は日高見国にあった　縄文・弥生時代の歴史的復元』で詳しく述べたように、元来、アマテラスは、鹿島神宮に祭られているタケミカヅチ、香取神宮に祭られているフツヌシという二柱の剣の神、武神、さらに言えば武士、剣豪によって守られている存在でした。アマテラスは本来、太陽そのものですから、太陽としての存在をタケミカヅチとフツヌシが守るというかたちを日高見国はとっていました。

そうした、いわばゆるい国家組織から段階を変え、アマテラスという存在を今や実体化していこう、つまり天皇という存在を統治統一の礎として確立していこうというのが「天孫降臨」です。ニニギノミコトはその使命を託されたわけです。

アマテラスは、ここまでは、象徴的な存在です。それを実体化するために、ニニギノミコトは葦原中津国に降り立ちます。

前に触れたように、ニニギノミコトは、アマテラスの子・アマノオシホミミと、タカミムスビの娘・ヨロヅハタトヨアキツシヒメとの間に生まれた子であり、アマテラスの孫です。家系、血統というものがここできわめて強く意識されています。

ニニギノミコトの降臨は、アマテラスの孫であるということを根拠とします。血統、正統な家系というものを根拠とした統治者であるという意味合いが、ニニギノミコトには与えられています。同時にまた、このことが、ニニギノミコトから四代目のイワレヒコ（神日本磐余彦尊）つまり天皇家初代神武天皇の具体的な統治という方向を決定づけているわけです。

天孫降臨の一行を見てみましょう。アメノコヤネは中臣氏の遠祖です。香取神宮の祭神であるとともに鹿島神宮に大いに関係します。フトタマ＝布刀玉命は明らかにフツヌシと同一神と見られるフツノミタマ（布都御魂大神）と関係があり、香取神宮の神と考えられます。天孫降臨は、こうした武神をともなった、というよりもむしろ武神を中心とした遠征団というかたちになっています。

鹿島から船で出発した天孫降臨

ニニギノミコトの行き先は、サルタヒコも言ったように「筑紫の日向の高千穂の槵触峯」です。では、その行程や移動手段はどのようなものだったでしょうか。

まず、一見、何を意味しているかわからない、古事記の「天の浮橋に、浮きじまり、そりたたして」という部分から考えてみたいと思います。『新訂古事記』では現代語訳を「天からの階段によって、下の世界に浮洲があり、それにお立ちになって」としていますが、私には、これとは違った考えがあります。

「天」は「海」であると先に述べました。「天の浮橋」とは、すなわち「海の浮橋」ということです。

ですから、この部分は「海の浮橋を渡ると、浮島があり、そこにまっすぐに立っていって」とすることができます。そう考えると、いよいよ現実的な実態が見えてきます。

アマノトリフネと呼ばれる神がいます。アマテラスよりも古く、イザナギとイザナミが生んだ三五神の中の一柱です。

アマノトリフネはいわゆる呼称で、別に「鳥《とり》之《の》石楠《いわくす》船《ふね》神《のかみ》」という表記があります。鳥が飛ぶように早い、石のように固い楠材でつくった船の神、といった意味になるでしょう。

アマノトリフネは、神の乗る船を司る神、あるいは船そのものです。日本神話に現れる唯一と言っていい交通機関で、高天原では移動手段として船が頻繁に使われていたことを示すものです。

東国三社として、鹿島・香取と共に息栖《いきす》神社がありますが、この神社がアマノトリフネを祀っています。

息栖神社（茨城県）

国譲りの際に、アマノトリフネはタケミカヅチに随行しました。つまり、タケミカヅチは国譲りを成功させるべく、船を使って出雲に遠征したのです。

縄文・弥生の時代、船はさかんに使われていました。船による移動は、今日考えるより、はるかに容易だったのです。

伊豆諸島のひとつで、本州から最も近距離でも伊豆下田から五六㎞離れた海上に、神津島という島があります。この島で産出した黒曜石が、伊豆半島・南関東地方の縄文時代中期の遺跡から頻繁に出土する事実があります。伊豆半島東岸にある見高段間遺跡（静岡県賀茂郡河津町）が、神津島産黒曜石の荷揚げ地だったと考えられています。

アマノトリフネは、鹿島神宮と香取神宮を含む東国三社のうちのもうひとつ、息栖神社の祭神です。香取神宮の「香取」は、船の「楫取り」を意味に含んでいるとも考えられています。

一九九五年、香取神宮のある千葉県香取郡の縄文遺跡・栗山川流域遺跡群から全長七・四五mのムクノキ製の丸木船が出土しました。同時代のものとして出土した他の丸木舟と比較すると一・五倍から二倍ほどあり、破格の大きさです。

関東の日高見国は、造船技術の先進地域でもあったのです。日本列島内の長距離の移動は、大海に出る必要はなく、陸伝い、島伝いに進むことで十分に可能でした。

「昔、高皇産霊尊（タカミムスビ）と天照大神（アマテラス）が、この豊葦原水穂国を、祖先の瓊瓊杵尊（ニニギノミコト）に授けられた。そこで瓊瓊杵尊は天の戸をおし開き、路をおし分け先払いを走らせておいでになった。」

（前掲『日本古典大系・日本書紀』）

右記の引用は、神武天皇が語った天孫降臨です。神武天皇に天孫降臨は、このように伝承されています。

ニニギノミコトが開いた「天の戸」（漢文では天關《あまのいわくら》。「關」は閉ざされた門あるいは関の意味）は、おそらく、鹿島神宮と香取神宮の周辺を走る水路の門です。アマテラスが追加してニニギノミコトに随行させたアメノイワトアケは境界を司る神として知られており、水門の管理を取り仕切っていた存在だったと考えられます。

香取神宮近くで出土した大型丸木船

ニニギノミコト一行は、こうして鹿島を出発して海に出ます。旅立つことを今でも「鹿島立ち」と表現します。語源は「鹿島、香取の神であるタケミカヅチとフツヌシの二神が天孫降臨に先だって、葦原中津国を平定したことに基づく」とされていますが、ニニギノミコトもまた高天原の神である限りは鹿島から船で出発したのは当然のことでしょう。押し分けた「八重立つ雲」とは、海上にたつ波のことだと考えられます。

天の浮橋の「橋」は川にかかる橋といった意味がありますが、これは、おそらく「渡る」という状況を指しています。「天の浮橋に、浮きじまり、そりたたして」とは、次々と島伝いに、あるいは陸伝いに、渡るように進んでいっては中継地に停泊する、そういった状況を表していると推測できます。

そして、サルタヒコは、「稜威の道別きに道別きて」（勢いよく道をふみ分けて進み）と表現されるような厳しい航海を案内した水先案内人でした。

海人サルタヒコの水先案内

古事記には、サルタヒコは伊勢国を本拠地として暮らし、最後には阿邪訶《あざか》の海で貝に手を食われて溺れ死んだ、と記されています。『風土記』にわずかに残っている伊賀国の逸文には、サルタヒコは伊賀国と伊勢国を合わせた地域を二〇万年も統治していた、と記されています。

サルタヒコは、縄文から弥生の時代にかけて存在し続けていた猿のような存在の家系を示していると言えるでしょう。貝に手を食われた、ということは、伊勢国内地の森だけではなく、海にも活動の範囲を広げていた存在だったことを意味します。

明治の民族学者・柳田国男氏は著書『石神問答』（一九一〇年）で、「サルタヒコは岬などの境界を守る神で、後に道祖神と習合した」として述べています。サルタは「サダ」「サタ」とも読まれ、それが「岬」を意味することからの分析です。「サダ」は「サナダ」＝「灘」とも関係し、サルタヒコが海人の一面を持つことをさらに裏付けます。サルタヒコは、ニニギノミコトを迎えに上がった、高天原系の勢力に協力する国津神です。海人としての特殊能力を発揮して、ニニギノミコトの航海計画を立案し、実際に案内のために同行しました。

ニニギノミコト一行は関東・鹿島を船で発ち、太平洋沿岸を陸伝い、島伝いに西へ進みました。サルタヒコが本拠地としていた伊勢は重要な中継地となったと考えられます。距離的に見ても、真ん中です。

こうして、ニニギノミコト一行は九州に上陸しました。上陸した地こそは「鹿児島」です。

鹿児島に到着したニニギノミコト一行

鹿児島県の湧水町から霧島市にかかる地域に「天降川」という川が今も残ります。ニニギノミコト一行は、鹿島から太平洋沿岸をはるばる航海して高千穂の峰のある現在の鹿児島の地にたどりつき、海側からこの天降川に船を入れ、九州に上陸したと考えられます。

ニニギノミコト一行が鹿児島に上陸したことは、鹿児島県下に、別名、南方《みなかた》神社と呼ば

天降川（鹿児島県）

れる「諏訪神社」が多いことからまず間違いないことだと考えられます。諏訪神社は、「国譲り」でタケミカヅチに降参したオオクニヌシの子・タケミナカタを祭る神社です。

諏訪神社は現在も県下に一一〇社あり、鹿児島県の神社総数の一〇パーセントに及びます。諏訪神社がこれだけ多い地域は全国に他にありません。特に地理的には何の関係もないと思われる鹿児島県に諏訪神社が多いのは、つまり「天孫降臨」の由緒が理由です。

ニニギノミコトの天孫降臨一行は、タケミナカタが降参して「国譲り」が完成した、そのことを根拠として鹿児島にやってきたと、地元勢力に説明を行ったのだと考えられます。タケミナカタはアマテラス傘下に転向した、つまり統治が変わったことを象徴する代表的存在でした。

また、今まで不明だった「鹿児島《かごしま》」の名の起源も、天孫降臨が「鹿島《かしま》」から出発したことの関係から考えることができるでしょう。「かごしま」の名は霧島市隼人町にある「鹿児島神宮」がそもそもだと一般的には言われていますが、鹿児島神宮は醍醐天皇（第六〇代）の御代に編纂された『延喜式神名帳』に「大隅国桑原郡　鹿児嶋神社」とあるだけで、起源についての説明はありません。

諏訪神社（鹿児島県）

鹿児島の由来には他に諸説ありますが、土地に残る天孫降臨の記憶を考えれば、「鹿児島」の起源が「鹿島」にあるということには十分な根拠があると言うことができます。「神籠もる島」が鹿児島の名の由来だとする説も、かえって、この考え方を強める結果となりそうです。

ニニギノミコトが九州を統治するにあたっては、アメノオシヒ（天忍日命）とアマツクメ（天久米命）が軍事の前線に立ちました。その様子は古事記に次のように記されています。

「天の石靫を取り負ひ、頭椎の大刀を取り佩

鹿児島神宮

き、天の波士弓を取り持ち、天の眞鹿兒矢を手挾み、御前に立ちて仕へまつりき。」

現代語訳「石の靫を負い、頭が瘤になっている太刀を佩いて、強い弓を持ちりっぱな矢を挟んで、御前に立ってお仕え申しました。」（前掲『新訂古事記』）

靫《ゆき》とは、矢を入れた筒のことです。アメノオシヒとアマツクメに限らず、ニニギノミコトに随行したアメノコヤネ、フトダマなどは、すべて部族の名称だったと考えられますから、天孫降臨の一行は、かなりの数の人員で構成される遠征団でした。鹿島から出発したこの遠征団は、大軍事船団だったのです。

また、記紀には、アメノオシヒは大伴氏の祖神だと記されています。大伴氏は後にヤマト政権の軍事を物部氏とともに担う一族です。アマツクメは久米氏の祖神です。久米氏もまた軍事一族です。

大伴氏にしても久米氏にしても、ヤマト政権のもと、関西地方の奈良あるいは京都で家系を継続していく氏族です。しかし、その大元はすべてが高天原に由来する、つまり、関東発祥の家系であるということが、ここからわかります。

ニニギノミコトは、降臨した地を次のように評価しています。

「此地は韓国に向ひ笠沙の御前にま来通りて、朝日の直刺す国、夕日の日照る国なり。かれ此地ぞいと吉き地」

現代語訳「この所は海外に向かって、笠沙の御崎に行き通って、朝日の照り輝く国、夕日の輝く国である。ここそはたいへん吉い所である」（前掲『新訂古事記』）

笠沙の地名が現在残っている場所からしても、天孫降臨の場所は鹿児島だろうということが推測できます。そしてここにまた、注目すべきポイントがあります。

ニニギノミコトはこの地を、「朝日の照り輝く国」と褒めています。さらに合わせて、「夕日の輝く国」と賞賛しています。

「夕日の輝く国」とは、つまり「西の国」という意味です。九州は日本の最西端の地であるという認識がここにはあります。

「南の国」という認識ではありません。日本においては、「北南」ではなく、必ず「東西」という関係で歴史が展開するのだということが、ここからもわかります。

日本神話に、東西の関係として非常に興味深い国が二つ、登場します。東に関係する「常世の国」（とこよのくに）、西に関係する「妣の国」（ははのくに）です。

船で東に進んでいった彼方にある「常世の国」

「常世の国」は、一種の理想郷、桃源郷です。『常陸国風土記』の「総記」（序文）は、「常陸の国は広大で田の地も肥え、原野も養分ゆたか、山海くまなき宝庫で養蚕や製糸などの物産もゆたか、人々は満足し、家々はみなゆったりと暮らしている」と当地を讃えた後、こう記しています。


「古の人、常世の国と云へるは、蓋し疑はくはこの地ならむか。」

現代語訳「遠いむかしの人が常世の国と言ったのは、思うにこの国のことであろうか。」

（前掲『日本古典文学全集・風土記』）


『常陸国風土記』は七二一年の成立で、この時にすでに「常世の国」が、素晴らしい国、という概念として一般的に知られていたことがわかります。そして同時に、常世の国が実在したとすればそれは常陸国だったのではないか、という予感があります。

風土記は、時の政治的中心地である奈良・大和から派遣された地方行政官が編纂した地方レポートです。つまり、鹿島の地であるとは限らずとも、「常世の国」が、少なくとも大和から東の方角にあると広く一般的に考えられていたことがわかります。

古事記には、垂仁天皇記に次の内容があります。

「また天皇、三宅の連らの祖先の多遅麻毛理を常世の国に遣わして、時じくの香の木の実を求めさせなさいました。よって多遅麻毛理がついにその国に至ってその木を採って、蔓の形になっているもの八本、矛の形になっているもの八本を持って参りましたところ、天皇はすでにお隠れになっておりました。」（前掲『新訂古事記』）

「時じくの香の木の実」とは、いわゆる不老不死の木の実でしょう。「橘」のことだと記述されています。同じ内容が日本書紀にもあり、常世の国は遠くはるかな国で、万里の浪を超えて帰ってくるような、行き来に十年もかかる国だ、とされています。

ここで描かれている常世の国は、植物の茂る豊穣の地ですから、すなわち陽光にあふれる地です。不老不死の実が実るということですから、生命にあふれる地であると言うことができるでしょう。

奈良・大和の地に暮らす人々にとっては、現世と隔絶された桃源郷です。垂仁天皇の崩御に間に合わなかったというエピソードからすれば、はかない理想郷です。

かたや『常陸国風土記』の常陸国の人々からすると、今の常陸国の様子を見た上で、「ここが昔、常世の国と呼ばれた場所だった」という感覚が生きています。鹿島の地について記した『常陸国風土記』香島郡の条には、「この地にはたくさん橘を植えてあって、その実は美味い」という記述もあります。

常世の概念が最もよくわかるのが、浦島太郎伝説の原型とされている、奈良時代の家人・高橋虫麻呂の長歌でしょう。万葉集の巻九・一七四〇の収録です。

「春の日の　かすめる時に　住吉の　岸に出でゐて　釣舟の　とをらふ見れば　古の　事ぞ思ほゆる」という、昔を思う虫麻呂の感慨で始まる歌は、要約すると次のようになります。

「水江の浦の島子（浦島太郎）は、大漁に調子づいて七日目、とうとう海の境を越えてしまった。海神の神の娘が漕ぐ船と出逢い、娘と夫婦となって常世の国へ行く。二人は海神の神の宮殿で、老いもせず死ぬこともなく生きていた。島子は「一度家に帰って父母に事情を話して戻る」と言う。海神の神の娘は櫛箱を渡して「ふたたび常世の国へ帰ろうと思うなら、決して開けてはいけない」と言う。家があったはずの住吉には何も無く、誰もいない。海神の神の娘の櫛箱を開ければ元通りになるのではないかと、開けてしまう。箱から白雲が立ち、常世の方角へたなびき、島子の肌は皺だらけに、髪は白くなり、やがて息が途絶えた。

無用の考えをおこさずに常世に暮せばよかったものを、愚かな水江の浦の島子であることよ。」

（筆者要約）

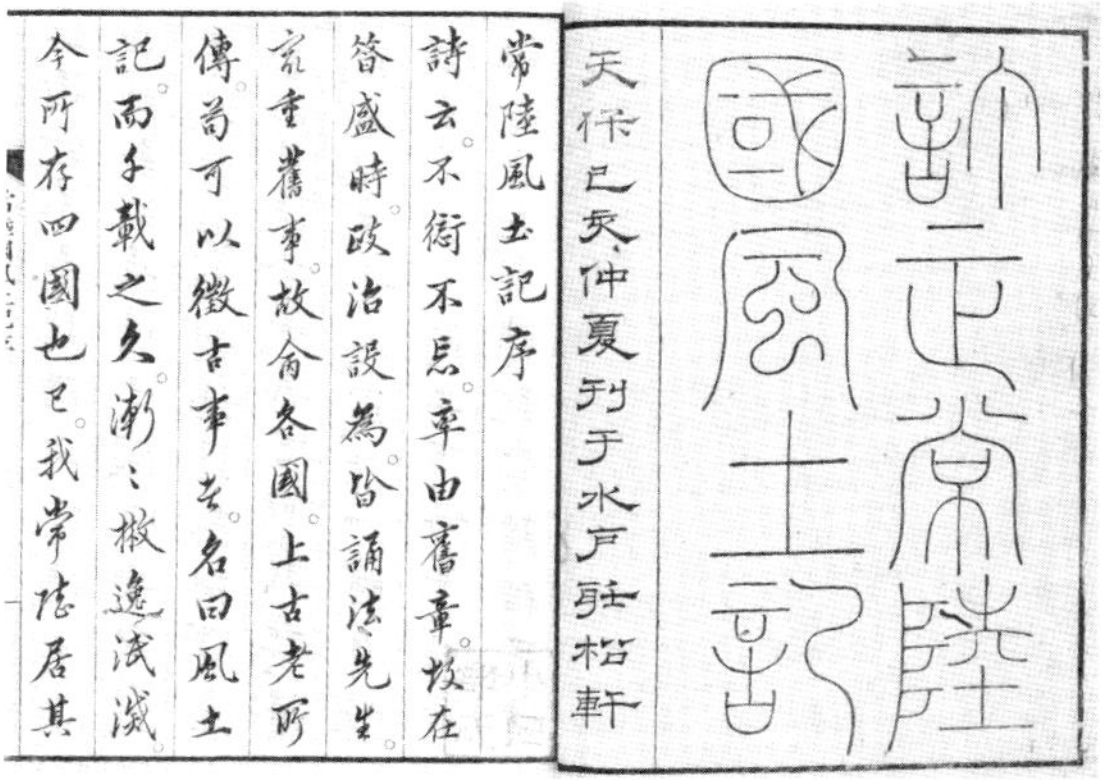
新定常陸國風土記

天保己亥仲夏刊于水戸旺松軒

常陸風土記序
詩云不愆不忘率由舊章故在
昔盛時政治設爲皆誦法先生
之重舊事故令各國上古老所
傳前可以徵古事者名曰風土
記而千載之久漸〻散逸消滅
今所存四國也已我常陸居其

『新定常陸国風土記』

常世の国のいちばんの特徴は「不老不死」が約束される国である、ということです。海神の神の宮殿があるということから、神の住まう国であることもわかります。日本書紀の垂仁天皇記によれば常世の国は「神仙の秘密の国で、俗人の行けるところではない」国です。

こういった桃源郷あるいは理想郷が、「常世の国」と称されて、東へ向かった海の彼方にあると考えられていたわけです。今に伝わって語られる浦島太郎では竜宮城は海の中にありますが、高橋虫麻呂の長歌に歌われた海神の神の宮殿は、船で進んでいったその先、つまり地上にあります。

常世の国は、天上にあるのでもなく海中にあるのでもなく、大和から東へ船で向かっていったどこかにあります。これは古事記においても日本書紀においても共通の認識です。『常陸国風土記』が、「鹿島の地こそ常世の国と呼ばれた地だったかもしれない」とするのは、ごく自然な話なのです。

亡き母の国「妣の国」

「常世の国」の対の国として見られていたのが、「妣の国」です。「妣」とは「亡き母」という意味です。古事記に、次のように出てきます。

（イザナギがスサノオに、海原を治めなさいと言ったのに、なぜ従わずに泣きわめいているのかと尋ねたのに対して）「答へ白さく、「僕は妣の国根の堅洲国に罷らむとおもふがからに哭く」とまをしたまひき。」

（前掲『新訂古事記』）

ここでの「妣」とは、死んだイザナミのことです。また、古事記の「上つ巻」の最終段、後に神武天皇として即位するイワレヒコ（若御毛沼命――わかみけぬのみこと、後の神倭伊波礼毘古命――かむやまといわれびこのみこと）の出自を記述する段に「妣の国」は出てきます。

イワレヒコは、ニニギノミコトの孫であるウガヤフキアエズ（天津日高日子波限建鵜葺草葺不合命）と海神・ワタツミ（綿津見神）の娘・タマヨリヒメ（玉依毘売）との間に生まれた四柱の末子です。上に、イツセ（五瀬命）、イナヒ（稲氷命）、ミケヌ（御毛沼命）がいます。

「かれ御毛沼の命は、波の穂を踏みて、常世の国に渡りまし、稲氷の命は、妣の国として、海原に入りましき。」（前掲『新訂古事記』）

日本書紀では、ミケヌ、イナヒとともに神武東征に参加し、熊野で暴風雨に遭ったところでミケヌは「わが母と姨は海神であるが、なぜ波をたてておぼれさせようとするのか」と言って波頭を踏んで常世の国に渡ります。イナヒは「わが先祖は天神海神であるのに、どうして陸に苦しめ海に苦しめるのか」と言い、剣を抜いて海に入り、鋤持神《さひもちのかみ》となります。

鋤持神《さひもちのかみ》とは、鰐（サメのこととされている）と考えられます。古事記の海幸山幸神話では、「一尋鰐」つまり人の大きさほどの鰐が「今に佐《さ》比《ひ》持神《もちのかみ》といふ」と説明されています。スサノオにしても、イナヒにしても、「今ここにいない母」について言及しています。こと、スサノオにおいては、イザナミを慕って行くわけですから、目的地は黄泉の国です。ここにおいて、「妣の国」は「黄泉の国」と重なります。

スサノオが「妣の国」と並べた「根の堅洲国」は、黄泉の国を指すと考えられています。根の堅洲国は「根の国」とも書かれ、平安時代中期の九六七年に施行された律令の細則『延喜式』の巻八・祝詞に収録された「六月晦大祓祝詞」によれば、根の国はあらゆる罪と穢れが集まり、かつ、そこにいる速佐須良姫《はやさすらひめ》がそれを消し去る場所です。

「常世の国」と「妣の国」の東西対比

前述したように、「常世の国」は東方にあると認識されていました。対して、これも前述したように、「黄泉の国」は西方にあると認識されていたのです。日が照る国と闇の国との対比と言っていいでしょう。

民俗学者の折口信夫は、一九二〇年（大正九年）に発表した論文「妣が国へ・常世へ異郷意識の起伏」の中で、次のように述べています。

「過ぎ来た方をふり返る妣が国の考へに関して、別な意味の、常世の国のあくがれが出て来た。ほんとうの異郷趣味《えきぞちしずむ》が、始まるのである。気候がよくて、物資の豊かな、住みよい国を求め〳〵て移らうと言ふ心ばかりが、彼らの生活を善くして行く力の泉であつた。彼らの歩みは、富みの予期に牽ひかれて、東へ〳〵と進んで行つた。彼らの行くてには、いつ迄も〳〵未知之国が横つて居た。其空想の国を、祖たちの語では、常世と言うて居た。過去し方の西の国からおむがしき東の土への運動は、歴史に現れたよりも、更に多くの下積みに埋れた事実があるのである。」

（『折口信夫全集2』中央公論社）

折口信夫は、東の未知の国であり、おむがしき（よろこばしい）「常世の国」に対して、「妣の国」はもはや過去となった西の国である、と述べています。古事記、日本書紀を読み込んだ折口信夫は、ごく自然に、常世の国は東で、妣の国は西である、と見解していました。

古来日本人が恋慕した魂の故郷が、「常世の国」と「妣の国」であり、つまりそれは、「日の出の地」と「日没の地」でした。日の上る国が関東東北で、日没の国が関西九州、特に九州です。

こうした概念、つまり折口信夫の言う「過去し方の西の国からおもがしき東の土への運動」、「すでに終わってしまった西の「妣の国」からやってきて、東にある希望に満ちた「常世の国」に向かう」という、サイクルあるいは法則、見方・考え方というものが人々には常にありました。現代でも日本人の潜在意識にあるのかもしれません。

関東「かたち」、関西「言葉」の文化の関係

もはや過去となった西の国、未知のよろこばしい東の国、といった考え方は現代には残っていないように見えます。しかし、良し悪しの比較などではなく関東人と関西人はやはり微妙に違っている、というのは誰もが認めるところではないでしょうか。

東と西とでは違うと考える関係が日本には常にあります。この東西の人々の混じり合いが、日本の文化をつくりあげる大事な要因となっていることは間違いないだろうと思います。

東と西とでは、やはり非常に対照的な文化がつくられています。「日本文化」というと、一般的にはまず、関西地方の文化、奈良・京都の文化というものが頭に浮かぶでしょう。私も長らくそう思ってきました。

関西地方の文化はすなわち、大陸系の文化を許容する、あるいは大陸系の文化と競り合

う、そうした文化であると思います。仏教系の文化と言ってもいいかもしれません。かたや関東東北、中部の文化は、神道系の文化であると言うことができます。自然そのものを信仰の対象として、太陽神を中心に、山や谷、川の「かたち」を崇める日本古来の伝統を文化として保ってきました。

神道系の文化は「かたち」を感じる文化です。仏教系の文化は、「言葉」を使って思う文化です。日本文化にはこの二つがあり、特徴的なのは、「かたち」の文化つまり神道系の文化、すなわち東の文化には長い期間、それを言葉に書き表す習慣がなかったということです。縄文の土器の豊かさは「かたち」だけであらわされています。

東の文化は、文字を必要とする文化ではありません。すると、どのようなことが起こるでしょうか。

七〜八世紀の記紀の時代になって、盛んに、さまざまなことが文字で記録されるようになりました。関西・仏教系の言葉の文化に対して、関東・神道系のかたちの文化は、その中では薄く記録されるか、または消えてしまう、という状況になったのです。

教科書的な日本史を眺めると、何かこう「古来、関東に文化は無かった」といった印象を受けることがしばしばあります。まったくの誤解なのですが、すべてはこのことが原因だと考えられます。

私たちは、「かたちの文化」をこれからさらに重要視しなければなりません。なぜなら、この「かたちの文化」と「言葉の文化」の二つを一国の中で、東西で持っているのは、世界においてきわめて特徴的なことだからです。

「かたちの文化」の中心としての富士

美術と文学の、この二つが、実は世界の文化の基本です。西洋で言えば、イタリア、ギリシャが「かたちの文化」の国、ドイツ、フランスなど文学や哲学に強いのが「言葉の文化」の国です。

「描いた文化、彫った文化」と「文字で書いた文化」、「かたちの文化」と「言葉の文化」という異なる位相の文化を、日本は東西という位置関係で持っていました。縄文の土器や土偶の文化成熟は圧倒的に関東東北が舞台でした。そういった伝統を持つ「かたちの文化」と、それ以後の、和歌や物語など関西系の「言葉の文化」の対称性があります。

江戸文化に至っても、大筋で変わるところはありません。たとえば、浮世絵を描くという美術の文化は関東にしかありません。

もちろん、仏像という美術、「かたちの文化」は関西を中心にして展開しました。しかし、これは、仏教という「言葉の文化」があってこそのものです。文字文化を基礎にしてこその「かたちの文化」です。

一方、東北関東中部の東日本の「言葉の文化」としては俳句があげられるでしょう。松尾芭蕉（一六四四〜一六九四年）は、江戸深川で俳諧を確立します。『おくの細道』は、江戸から東北、北陸、そして岐阜に至る紀行作品です。

葛飾北斎『富嶽三十六景』常州牛堀

とはいえ、全体を見れば、文字による文化、文章に表す文化というものは、関東・東北は関西に比べれば弱く、やはり中心は「かたちの文化」です。そして、その「かたちの文化」の中心こそが富士山でした。

人々はみな富士山に憧れを寄せ、富士山をかたどったミニチュアの富士塚は江戸時代に関東には、現在確認されているだけで一〇〇箇所以上ありました。葛飾北斎（一七六〇〜一八四九年）の『富嶽三十六景』は関東の「かたちの文化」を象徴する代表的な作品群でしょう。その半面、関西には富士山級の「かたちの文化」の典型がないために、お寺をたくさん建てることになったのだと私は考えています。

別の視点から言えば、こういった対称性こそが、日本の文化に活力を与えているのだと考えられます。そして、本来の日本の伝統であった「かたちの文化」から「言葉の文化」に中心が移っていく過程として、本書のテーマである「天孫降臨」が存在するとも言えるのです。

日の上る方角に理想があった日本

天孫降臨は、東日本の勢力が西日本を治めていくことの途上です。日本の文化の発達・発展に大きく寄与しているということもまた、確かなことでしょう。

「かたちの文化」と「言葉の文化」の両方を持つということが、日本というものの総合性あるいは深みの源です。日本という国は、地理的に、見事にちょうど良い対称性を持った国だと言えると思います。

こうした対称性、つまり「常世の国」と「妣の国」といった、現世に対応する別の世界という考えは、たとえば、ギリシャ神話にも存在します。死後の楽園として考えられたのが「エーリュシオン」で、英雄つまり神々に愛された者、善男善女の魂がそこに暮らすとされました。

紀元前八世紀頃の吟遊詩人とされるホメロスの叙事詩によれば、「エーリュシオン」は、世界の西の果てにあります。ギリシャ神話では世界は円盤状で、陸地は海に囲まれ、海神オケアヌスが海流となって回っています。

「エーリュシオン」はオケアノスの海流に洗われている西の果ての野で、冥界の審判者ラダマンテュスが長を務めています。ホメロスの叙事詩『オデュッセイア』の第四巻ではこう描かれています。

「そこは金髪のラダマンテュスが治めるところで、人間にとり生活のこの上もなく安楽な国とて、雪もなく、冬の暴風雨も烈しからず、大雨とてもかって降らぬ、年がら年じゅうオケアノスが、音高く吹く西風のつよい息吹きを送りこして、人間どもに、生気を取り戻させるという。」

（『オデュッセイア』呉茂一訳　岩波書店）

また、紀元前七〇〇年頃の詩人とされるヘシオドスの作品『仕事と日』の中にも「エーリュシオン」は描かれています。ヘシオドスによれば、快い風邪が吹き渡り、花々が年中咲き乱れ、年に三度も甘い果実が収穫できる豊穣の園でした。

「エーリュシオン」は選ばれた魂だけが行くことのできる理想郷です。「常世の国」と性格が似ていますが、東西の方角が正反対です。

仏教においても理想郷は「西方浄土」です。十万億の仏土を隔てた西方に阿弥陀仏の浄土があるとされ、「常世の国」とは逆の方角です。

キリスト教においては、「エデンの園」は東方にあると『創世記』には記されており、つまり、太陽の上る方向に楽園があると考えられています。日本の「常世の国」は、これと同じ考え方なのです。

『常陸国風土記』で、「日立ち」つまり「日が上る」という意味を含む常陸国が「常世の国」と称されていることと大いに関係があります。日本には、日の上る方向つまり東方に数万年の昔から一大文明があり、東日本は、自然も、そこから得られる物資も豊かな、いわば理想郷と考えられて不思議のない土地柄でした。

そして、東日本を統治していたのが日高見国です。天孫降臨は、そんな東が西へ行く、東が西を統治して理想的な国家を目指して束ねる、という意味合いでもあることが、こういったことからもわかるのです。

九州に高天原はありえない

記紀は、ニニギノミコトは「高千穂の峰」に降臨したと記しています。九州の宮崎と鹿児島の県境にある高千穂峰、宮崎県西臼杵郡高千穂町には天孫降臨の地であるとの伝承が色濃く残されており、たいへん魅力的な地になっています。

記紀に記された高千穂の峰は、実際には象徴的な名称と考えられます。しかし、ニニギノミコトが降臨したのが高千穂の峰であること、朝廷の起源は九州にあるとの見解から、高天原は九州に実在したとする説が伝統的にあります。

代表的なものとしては、明治から昭和期の著名な歴史学者・黒板勝美の説があります。黒板勝美は『国史の研究』（一九〇八年）で、高天原を「天孫民族が大和や日向に入る以前、すなわち、いまだあい分れていない時の地」とし、「景行天皇や仲哀天皇の御代まで、なお九州の北部に存在していた」としています。

九州という土地柄を素直に眺めてみることが重要だと私は思います。九州の地は、桜島にせよ、霧島にしろ、阿蘇にしろ、たいへん火山の多い場所です。

高天原は、日本書紀に「(天照大神は) 粟・稗・麦・豆を畑の種とし、稲を水田の種とした。それで天の邑君（村長）を定められた。その稲種を天狭田と長田に植えた。その秋の垂穂は、八握りもある程しなって、大そう気持よかった。また大神は口の中に、蚕の繭をふくんで糸を抽くことが出来た。これからはじめて養蚕ができるようになった。」(前掲『全現代語訳日本書紀』）と描かれる場所です。九州の自然環境からすると、高天原が起源とさえなっている豊かな稲穂の国の生産作業、農耕、養蚕といった営みの充実を想像することはなかなかできないのです。

記紀に描かれた高天原というものを想定すれば、水もふんだんにあり、あらゆる自然資源が豊かであり、平野も多い地ということになります。関東東北が、やはり高天原の地としてふさわしいだろうと私は思います。

前項までに述べてきたように、文化も含め、東日本の世界は、文字による史的記録から無視されてきたと言っていい状況があります。しかし、どう考えても日本という国、日の丸の国、太陽の国という意味合いから、高天原は九州や関西ではありえないのです。

関東東北において、アマテラスという神、あるいは日高見国という国のすべては太陽に結びついていました。実際に、日が見事に高く上るという状況はやはり関東と東北でしか見られず、日高見国という国名は、そんな事実のきわめて素直な発露です。

縄文時代当初、西日本は人口の極端に少なかった地域ですから治める必要はありませんでした。しかし大陸の情勢から日高見国は西日本へ進出せざるをえませんでした。天孫降臨には、歴史的な必然性があったのです。

神話と土地の記憶と考古学的な事実

先に何度か触れていますが、鹿島神宮、香取神宮と並ぶ、もうひとつの重要な神社として、息栖神社があります。格別に重んじるという意味で、この二宮一社をまとめて東国三社と呼ばれています。

江戸時代には、特に関東東北の人々にとっては、伊勢神宮をお参りした後でこの三社を参拝する、という旅が珍重されました。いわゆる「お伊勢まいり」のフルコースであったようです。

息栖神社の鳥居

息栖神社は、主神に久那戸神《くなどのかみ》、配神に住吉三神（上筒男神、中筒男神、底筒男神）とアマノトリフネ（天鳥船命）を祭ります。久那戸神は岐神とも書き、日本書紀によれば、黄泉平坂でイザナギがイザナミの追跡を止めるために投げた杖が化して成った神です。

また、久那戸神は古事記では船戸神と書かれています。この文字表現も示唆的です。

船戸神は、黄泉の国から帰ったイザナギが禊をした際に、裸になるために最初に投げ捨てた杖が化しました。久那戸神は古事記・日本書紀ともに、道に立って、行く者を止める神であるとしています。

住吉三神（上筒男神、中筒男神、底筒男神）は、イザナギが禊の際に水中で身体をすすぐことによって成った神です。そしてアマノトリフネは船そのものであり、高天原における交通機関だったことは先にも述べました。

これらのことから息栖神社は水上交通を司る神を祀った神社であることがわかります。天孫降臨における、鹿島から鹿児島への遠征に非常に重要な意味を持っています。つまり、高天原の勢力からなる鹿島からの船団を、この息栖神社の神々が守ったと想定できるわけです。

香取神宮にほど近い縄文遺跡・栗山川流域遺跡群から、同時代比較で倍の規模を持つ全長七・四五mのムクノキ製の丸木船が出土したことは前にも述べました。香取神宮の「香取」は、日本書紀では国譲りの段で、「楫取《かじとり》」と記されています。楫は、船の舵のことです。

記紀に記された神話と、古来継がれてきた土地の記憶、考古学的な事実、歴史的事実は、こうして重なり合っていくのです。

記紀は、両書とも、天孫降臨をサルタヒコが導いたとしています。息栖神社が主神として祭る久那戸神は「岐神」とも書かれます。日本書紀によれば、岐神は、国譲りの際にフツヌシを先導・案内する神で、サルタヒコ的な存在、サルタヒコそのもの、またはサルタヒコの家系と考えられます。息栖神社はまた、天孫降臨を道案内したサルタヒコと濃い関係のある神社であると考えられます。

縄文を体現しているサルタヒコ

サルタヒコは天孫に仕えて道案内を務めるにあたって、自分が「国津神」であることをまず明らかにします。国津神とは、国譲りによってアマテラス傘下、つまり高天原の勢力下に入ることになった勢力を示しています。

国津神の中には、いまだ有象無象がいることが予想されます。サルタヒコはこの場面で、そんな勢力関係の中で、高天原系勢力にあらためて確かに従順を誓ったということになるでしょう。

サルタヒコの「サル」とはもちろん、動物の「猿」のことです。先にも少し触れましたが、サルタヒコは海に関する異能を持つ一族で、異形をしています。

そして、このことが、まずサルタヒコが一族として勃興した時代はまだ縄文の時代だったということを予想させます。「猿」という、縄文・狩猟時代に特に重要視されたであろう動物の名前がつけられているからです。

鹿島神宮にしても熊野神社にしても、鹿や熊といった名前が残っているのは、後になってから神社のかたちとなるにせよ、やはり縄文系の時代の信仰の伝統だと考えられます。

サルタヒコにしても、動物の目を持つ異能人ということが、その名前に「猿」を残している理由となっている可能性が高いでしょう。

あたかも猿が山で道案内をする、山の地理に慣れた猿の後を追うことで人間が様々な利益を得る、狩猟採集時代の営みのイメージが、サルタヒコの名前を生み出していると思われます。農耕が始まって、狩猟が副次的となる地域が増える弥生時代には、こうした名前はなかなか生まれないでしょう。

サルタヒコは、言ってしまえば明快な名前です。この神の名前ひとつをとってみても、狩猟採集民族が暮らす文化的にもきわめて進化した地域として、縄文時代の関東東北がイメージされていたことを予想させます。

『風土記』の伊賀国逸文に、伊賀国と伊勢国を合わせた地域を二〇万年も統治していた、と記されているサルタヒコは、縄文から弥生の時代にかけて存在し続けていた家系だと考えられます。鹿島神宮は明らかに鹿を祭っており、熊野神社は明らかに熊を祭っています。こうした動物信仰というものが、縄文時代の一般的な信仰のひとつであることは間違いないことでしょう。

アメリカ大陸に渡っていた縄文人

一九九六年に、アメリカの西岸、ワシントン州ケネウィックのコロンビア川畔で偶然発見された成人男性の人骨が大きな話題になったことがあります。この、いわゆる「ケネウィックマン」は九二〇〇～八三四〇年前頃の人骨で、当初は、アメリカ先住民ではなく白人との類似性が追求されました。

「ケネウィックマン」が再び注目を集めたのは二〇〇一年のことでした。ミシガン大学のローリング・ブレース博士の研究グループが、「ケネウィックマン縄文人説」を裏付ける証拠を提出したのです。

グループが行ったのは解剖学的分析で、「ケネウィックマン」は縄文人とアイヌ人、ポリネシア人の古モンゴロイド系に近いと見解しました。そして、「ケネウィックマンは、その祖先は、氷河期に日本から移住してきた縄文人である。約五〇〇〇年前に北方アジアから移住した人々と入れ替わって現在のアメリカ先住民になった」と結論したのです。

現在はこの説は否定されていて、二〇一五年、デンマーク・コペンハーゲン大学の古生物学者、エスケ・ウィラースレフ氏が主導する研究チームが遺伝子分析による研究結果を『Nature』オンライン版に発表しました。「ケネウィックマンはネイティブアメリカンの直接の祖先である」という結論で、これが今の定説です。

アメリカ大陸に縄文人が渡っていたのではないかという説は、実は一九六五年にすでにありました。こちらは人骨ではなく、土器という文化的な視点からの見解です。

米国スミソニアン協会のエバンス博士夫妻が、「中米エクアドルのバルディビア遺跡から出土した土器が縄文土器そっくりである」という研究報告を行ったのです。バルディビアは南北両アメリカ大陸最古の土器文化の一つで、その始まりは五五〇〇年前頃とされています。

日本で発見された最古の土器は、青森県の大平山元Ⅰ遺跡（外ヶ浜町・縄文時代草創期）で発掘された一万六五〇〇年前頃のものです。この時点でバルディビアとは約一万年以上の開きがあります。エバンス博士夫妻が指摘した重要ポイントは、「日本の縄文時代が一万年以上をかけて成立させた様式がバルディビアに突然現れている」ということでした。

エバンス博士夫妻のバルディビア土器縄文伝来説は、以来、長い間無視され続けてきました。日本とエクアドルの距離は、航空距離でも約一万五〇〇〇㎞離れているからです。しかし、三内丸山遺跡の追加調査をはじめ、ここ二、三〇年来、主に考古学の分野で連続している縄文関係の新発見を通じて、エバンス博士夫妻の説が見直され始めています。つまり、日本・エクアドル間の航海は、当時の船舶構造および航海技術においても不可能ではない、という新解釈です。

大型船による外洋航海は、一六世紀以降の話です。日本・エクアドル間の当時の航海を想定するなら、現代のカヌーに近い小船で、島あるいは陸伝いに、シベリア・アラスカ間のベーリング海峡を超えて、さらに陸または島伝いに南下する、ということになるでしょう。二〇〇七年にオレゴン大学の考古学者ジョン・アーランドソン博士が提唱した「ケルプ（海藻）・ハイウェイ」の構想です。

実はジョン・アーランドソン博士の構想は、博士の説を待たずに一九九九年、すでに実際に実体験されていました。アメリカの化学博士で冒険家・サイエンスライター、カヤックを趣味とするジョン・タークが二年間をかけて、北海道の根室を出発地点に約五〇〇〇km離れたアラスカ・セントローレンス島までたどり着いているのです。その顛末は、二〇〇六年に『縄文人は太平洋を渡ったか――カヤック３０００マイル航海記』（青土社）として邦訳出版されています。

縄文人は、おそらくエクアドルに行っていたでしょう。およそ世界の人類は、東方つまり日の上る方角にある理想郷を求めて日本列島に至り、縄文文化を築きました。しかし、一部の縄文人は、飽きたることなく、さらに東を目指して太平洋を巡っていったのだろうと思います。

今はまだまったくの仮説、想像に過ぎませんが、私は、縄文人はイースター島まで行っているのではないかと思います。モアイ像は、異形です。著書『高天原は関東にあった日本神話と考古学を再考する』で述べた、近親婚に関係した奇形や遺伝疾病にまつわる縄文土偶と同じ文化ではないかと思います。

遠くを見つめているように見えるモアイ像は、日本列島を見晴かしているのではないでしょうか。イースター島までやって来たのはいいけれど、暮らしやすかった日本列島を追憶して、いつかまた帰りたいと祈り続けているのかもしれません。

天孫降臨は弥生時代に行われた

サルタヒコは、前項で述べたような、縄文の航海術に長けた一族として語り継がれた神だと考えられます。サダ（岬）、サナダ（灘）といった海に関係する意味を大いにその名に含むサルタヒコは、沿岸を進む航海術に必要な地理的情報を把握していました。

猿田彦はまた、航海中の食糧確保の方策も会得していたでしょう。『風土記』に残されている「海で貝に手を食われて溺れ死んだ」という記述から、ある程度魚介類を養殖するような技術も持っていたのではないかと考えられます。

古事記の国譲り神話の段で、オオクニヌシの息子・タケミナカタは高天原系のタケミカヅチに追われて諏訪まで逃げます。日本書紀では、オオアナムチ（オオクニヌシ）が国を譲った後に、高天原系の武神・フツヌシ（香取神宮の祭神）が各地を平定して回るその先導役としてサルタヒコと同一神とされる岐神《ふなとのかみ》が登場します。特殊な能力の点から考えれば、タケミナカタを諏訪まで先導したのもサルタヒコあるいはその一族であったかもしれません。

タケミナカタを祭神とする諏訪大社に、「佐那伎《さなぎ》の鈴」と呼ばれる神具が伝えられています。長さ一八㎝ほどの筒状の鉄鐸六本を紐で束ねたものが一組で、三組が諏訪大社上社に所蔵されています。神事の際に、束ねた部分を手に持って鳴らしたものとされています。「さなぎ」は、古く鉄ではなく銅鐸を意味しました。「さなぎ」あるいは「ぬて」には「鐸」の字が当てられますが、元は中国の青銅器の鈴からきている漢字です。

銅鐸は弥生時代につくられたもので、もともと、青銅製の鈴でした。時代を経るごとに大型化しました。紀の川銅鐸出土地（和歌山県和歌山市）から引き上げられた銅鐸の破片は、復元すれば高さ一m以上になることがわかっています。

銅鐸が作製されて普及したのは、紀元前二世紀から紀元二世紀と見られています。古墳時代が始まる前の時代です。

諏訪大社に伝わる「佐那伎《さなぎ》の鈴」はこの頃の歴史の記憶であり、サルタヒコが案内役を果たしたニニギノミコトの降臨は、だいたいこの時期、古墳時代前の弥生時代にあたると予測できます。

大量の人員が遠征した天孫降臨

前述したように、ニニギノミコトら天孫降臨の一行は、後に藤原氏となる中臣氏の遠祖・アメノコヤネ、フツヌシと同一神と考えられ後の物部氏の遠祖だと言えるフトダマ、猿女君の遠祖・アメノウズメ、鏡作の連の遠祖・イシコリドメ、玉作の連の遠祖・タマノオヤ、さらには大伴氏の遠祖・アメノオシヒ、久米氏の遠祖・アマツクメからなる、すなわち、これらそれぞれの神々につく複数の随行者もまた十分に予想できる大船団でした。中臣氏、物部氏、大伴氏、久米氏ら、大和政権下で関西地域に栄える部族の遠祖があらかたここに揃っていることになります。

ニニギノミコトの一行は「天の八重多那雲を押し分けて」進み、「筑紫の日向の高千穂の霊じふる峰」に降臨します。進む様子のイメージは、「鳥」です。

天孫降臨を守護したと考えられる神々を祭る神社のひとつ「息栖神社」の祭神にアマノトリフネがいることは前に述べました。実際には船で、島から島、陸から陸へと航海しました。

船というのは、おそらく当時最速の交通機関です。早く進む、早く移動する船は、「鳥」とイメージされていたと考えられます。

つまり、鳥のように飛んでいくというイメージが、当時の人々の船に対する認識です。アマノトリフネに守護されて、鳥のように早い船団が鹿島から鹿児島へ遠征したというのが天孫降臨のイメージです。逆に言えば、鳥がイメージされるからこそ、そこにはまた、垂直的な移動イメージの誤解も生まれるわけです。

12年に一度の御船祭。鹿島立ちの船団の様子

すでに触れましたが、鹿島神宮・香取神宮には、今でも一二に一度の「御船祭」が開かれています。現在では両神宮を行き来する祭りですが、大きな船と船団が華やかにくり出されます。この船の祭りこそ、鹿島から鹿児島に向う船団の記憶をとどめるものではないでしょうか。

そして、ここに重要なポイントがあります。天孫降臨の船団の中には、大勢の、タケミナカタを祭る諏訪大社に関係する神々が同乗していただろうということです。

これは、前にも述べた、鹿児島県下に現在も諏訪神社が一一〇社ある、という事実から予測できます。鹿児島県内には一一三一社の神社がありますが、その一〇パーセントが諏訪神社、あるいはタケミナカタに由来する南方神社の名をつけています。

これは、関東・鹿島から出発した船団に、タケミナカタの軍勢、つまり以前には出雲にいた軍勢が大勢乗っていたことを示しています。天孫降臨に先立つ国譲りによって、タケミナカタの軍勢が高天原勢力にすでに吸収されて加わっていた、ということです。

それら軍勢が、鹿児島に定着したことにより、これだけ多くの諏訪神社が鹿児島にできたものと類推できます。なぜ鹿児島県に諏訪神社が特別に多いのか、誰もそれを説明していませんでしたが、天孫降臨神話をこのように説明することによって、非常によく理解できることがお分かりいただけるでしょう。

オオクニヌシの息子タケミナカタは、鹿島神宮の祭神タケミカヅチ、香取神宮の祭神フツヌシによって降参させられました。出雲軍勢から配置替えされ、関東の高天原勢力によって新たに組織された武人たちが、天孫降臨に軍勢として加わっていたと思われます。

隼人、熊襲もまた天孫降臨による移住民

ニニギノミコトをリーダーとする天孫降臨の大軍事船団は、鹿児島県に今も残る天降川に船団を乗り入れ、九州に上陸しました。天降川河畔に、隼人町という地名があります。

「隼人」は、記紀にたびたび登場する、現在の鹿児島県から宮崎県の地域に居住していた特定の人々の呼称です。武に長け、また、芸能にも長けていました。日本書紀の天武天皇記に、隼人が土地の産物の献上に上がった際に朝廷で相撲をとって見せた、と記されています。大隅の隼人と阿多の隼人が取り組み、大隅が勝ちました。おそらくは、複数の力士による地区対抗戦です。

隼人の祖先を、記紀ともに、ニニギノミコトの御子を妊娠したコノハナノサクヤヒメが自らの潔白を証明するために産屋に放った火の中で生まれた神としています。古事記ではホデリ（火照命）、日本書紀ではホノスソリ（火闌降命）で、後の「海幸彦」です。「隼人」の「隼」は、鳥のハヤブサです。隼人はハヤブサのように早い人、という意味で、このことは隼人が、天孫降臨の船団によってこの地にやってきた人々の子孫であることを予測させます。つまり、隼人もまた関東からやってきた、関東を本拠としていた武人あるいは兵士の一族だったと考えられます。

「熊襲」についても同様です。古事記では「熊曾」と表記され、まず、イザナギ・イザナミが産んだ筑紫の島（九州）が持つ四つの顔のひとつ「熊曾国」として、つまり地域名として出てきます。

「熊襲」は、たびたび朝廷に対して反乱を起こす九州南部の勢力として登場します。朝廷と熊襲との関係は、記紀ともに景行天皇記に記された、ヤマトタケルノミコトの征西による熊襲討伐に代表されるでしょう。

この熊襲もまた、天孫降臨という西方平定事業の中で、関東から渡った武士たちが定着していった、その子孫であると考えられます。その根拠は鹿児島県下の「熊野神社」の数の多さです。これまで熊野神社と熊襲は結びつけて考えられてきませんでした。熊野神社は紀伊半島の神社であるという固定観念があるからです。しかし九州にも熊野神社は多く存在しています。いや、九州に限らず全国に存在するのです。それはどういう意味があるのでしょうか。

熊野三山協議会によれば現在、鹿児島県下の熊野神社の数は六九です。四三二社の熊野神社がある九州の中では熊本県が一五九とやはり多いのですが、それに次ぐ九州二番目の多さです。

「熊」は前述したように縄文信仰を象徴している言葉です。そして、熊野神社は、関東東北に非常に多く存在します。

同じく熊野三山協議会のデータで、全国に三一三五社ある内、一三七二社が関東と東北にあります。青森・岩手・宮城・秋田・山形・福島の東北六県で七三五社です。

熊野神社の数が全国で最も多いのは福島県の二三五社です。二〇〇四年に世界遺産に登録された「紀伊山地の霊場と参詣道」の一部である熊野参詣道いわゆる熊野古道は三重県、奈良県、和歌山県、大阪府にまたがっていますが、この三県一府にある熊野神社はすべて合わせても一四六社です。

不思議なことに熊野神社は、記紀の記事でほとんど触れられていません。その理由について私は、熊野神社が関東・東北の神社だったから触れなかった、と考えています。

熊野神社が存在しなかったわけではありません。今でも、前述したデータに見られるように、熊野神社は関東・東北に非常に多く、特に関西に少ないのです。

それでも、熊野神社という存在は、権威あるものとして紀伊半島に存在しています。これは、天孫降臨の過程として関東の高天原系勢力が伊勢に居を移した、あるいは、それ以前に関東勢がすでに統治を行っていたということを意味します。熊野神社というのは、熊や鹿、あるいは鳥類といった動物の狩猟を営んで暮らしていた縄文の人々の信仰の表れだからです。

神武東征のところで詳しく触れますが、ニギギノミコトと同様に天孫降臨の時点で紀伊半島にすでに関東勢が進出していた可能性が高いと考えられます。しかし、奈良、大和の地まではまだ完全には行っていませんでした。

高天原の勢力は、「日本列島統治の要つまり大陸から列島を守る要衝は、現在の大阪から奈良あたりの大和の地である」ということを十分にわかっていたと考えられます。そんな大和の地を支配するために、まず九州を治め、九州から西へ向かって攻略していく計画を立てたと考えられます。

よく熊野神社の由来として古事記に、神武天皇がこの池に「熊」に出会ったからだと書かれ、『紀伊続風土記』でも「熊野は隈にてコモル義にして山川幽深樹木蓊鬱なるを以て名づく」とあり、死者の霊をこもる所とされています。しかし熊野神社はこの地だけの神社ではないのです。

東北から関東、中部にいたる東日本はすでに高天原系、つまり日高見国の勢力圏です。西端の九州から攻め上っていって挟み撃ちにする計画です。高天原系勢力には、出雲を攻めてタケミナカタを諏訪に追い詰めた国譲りの成功体験がありました。

こうした平定事業が、おそらくはすでにいくつか積み重ねられてきており、その後で、特別な、規模も大きい天孫降臨が行われました。これはやはり、縄文から弥生にかけての歴史の展開だろうと思います。

鹿児島の名の由来と鹿島との関係

鹿児島の名は、一般的には「鹿児島神宮」に由来するとされている、ということは前に触れました。その名の初出は、醍醐天皇の御代に編纂された『延喜式神名帳』に記された「大隅国桑原郡　鹿児嶋神社」です。

鹿児島神宮の主祭神は、山幸彦として知られるアマツヒダカヒコホホデミ（天津日高彦穂穂出見尊）およびその后であるトヨタマヒメ（豊玉毗売命）です。アマツヒダカヒコホホデミは、ニニギノミコトの息子です。

その名前、アマツヒダカヒコホホデミ――天津日高彦穂穂出見尊の中に、「日高」があり、日高見国との関係を示唆していることでも興味深いのですが、さらに面白いのは、アマツヒダカヒコホホデミつまり山幸彦が使う「船」です。

兄の海幸彦から借りた釣り針を失って山幸彦が困っているところに、シオツチ（塩椎神）がやってきて、協力します。シオツチは、海に出てしばらく行くと海神の宮があり、そこに住む海神の女が何とかしてくれるでしょう、と言い、山幸彦を船に乗せます。

その船は、シオツチが造った籠の小船でした。鹿児島神宮には、シオツチはその籠の小舟を「鹿児山」の地で造った、と伝わります。

山幸彦つまりアマツヒダカヒコホホデミの中に「天津日高」つまり日高見国発祥であるという意味があり、乗った船が「鹿児山」で造られたということの中には、やはり、関東の鹿島から船でやってきた祖先の歴史というものが示唆されています。

「神籠もる島」が鹿児島の名の由来だとする説もありますが、これはむしろ、高天原から神々がやってきたことを強調してもいます。また、崖を「ガゴ」と呼ぶことから、四方が崖に囲まれた桜島がかつて「ガゴ島」と称されていたことに由来するという説もありますが、であれば、桜島をこそ鹿児島と呼ぶべきでしょう。いずれにせよ、諸説があるのは、鹿島と鹿児島があまりにも離れているために、その由来が忘れられてしまったというのが正直なところだろうと思います。

隼人、また熊襲という人々のことについても、鹿児島の名の由来と同様のことが言えるだろうと考えられます。熊襲に至っては典型的な反乱分子として朝敵にまでなるのは、時代が経るに従い、すでに彼らの出所がわからなくなっていたということで理解できるでしょう。

鹿児島をサツマ、関東をアヅマと呼びます。アヅマについては、ヤマトタケルが東征の際に足柄を越えたところで「あづまはや（わが妻よ）」と嘆いたことから来ているとされていますが、そもそも「ツマ」とは端、辺境を指す言葉でした。

西の辺境がサツマ、東の辺境がアヅマで、鹿児島あたりが西の辺境、関東が東の辺境であるという認識を意味します。この認識は古墳時代以降のものと考えられ、このことは同時に、ヤマト政権にあって、東北が忘れられていく、あるいは勢力がだんだん届かない地域になっていくという事態を表していると言えるでしょう。

ニニギノミコトとは別の天孫降臨

ニギハヤヒという神がいます。古事記では邇藝速日命、日本書紀では櫛玉饒速日命と記されています。

ニギハヤヒもまた、アマテラスの子孫であるという意味での「天孫」降臨を行った、高天原の神の一柱でした。これは、イワレヒコ（神武天皇）の東征の最終段階、速国の白肩津で待ち受けていたナガスネヒコ（長髄彦）と相対する場面でわかります。

ナガスネヒコは、自らが治める領域にやってきたイワレヒコに、次のように異議を唱えます。

「昔、天神の御子が、天磐船に乗って天降られました。櫛玉饒速日命といいます。この人が我が妹の三炊屋媛を娶とって子ができました。名を可美真手命といいます。それで、手前は、饒速日命を君として仕えています。一体天神の子は二人おられるのですか。どうしてまた天神の子と名乗って、人の土地を奪おうとするのですか。手前が思うのにそれは偽物でしょう。」

（前掲『全現代語訳日本書紀』）

ナガスネヒコは、自らが君と仰ぐニギハヤヒは天孫降臨した存在だと認識しています。このニギハヤヒの天孫降臨が非常に示唆的な物語なのです。

というのも、ナガスネヒコは、ニギハヤヒが「天磐船に乗って」降臨したと言っているからです。つまり、ニギハヤヒもまた、関東・鹿島の地を船で発った天孫です。

ニギハヤヒは、物部氏の遠祖とされています。ニギハヤヒが天孫降臨した証拠としてイワレヒコに提出される神器に宿る神フルノミタマ（布留御魂大神）は、物部氏に縁の深い石上神宮（奈良県天理市）に祭られています。

ニギハヤヒは、もともと、香取神宮の祭神であるフツヌシという武神、刀剣の神と関係の深い、要するに高天原系勢力の神の子孫です。そして、大和の地にはこのニギハヤヒがいました。すでに天孫が降臨してこの地にいるのにどういう訳だ、ということで、ナガスネヒコはイワレヒコに抵抗するわけです。

ナガスネヒコは、戦闘準備も整っているし、配下の者たちもそのつもりだというので、そのままイワレヒコと戦い、殺されます。イワレヒコは、ニギハヤヒを天孫と認めるとともに、忠誠心が確認されたので、その後寵愛します。その寵愛を受け続けることになるのが、後の物部氏です。

ニギハヤヒは降臨の際には、関東・鹿島を船で出発し、おそらくは伊勢から大和地方に入ったと考えられます。東征においてイワレヒコが大和に入る前に制した紀伊半島は、もしかすれば、ニギハヤヒの勢力圏であったかもしれません。

このことは、ニギハヤヒを祭る神社が、和歌山県の藤白神社をはじめ、紀伊半島、それも伊勢地方に数多くあることが物語っています。同時に関東に数多くあり、たとえば、千葉県印西市には、ニギハヤヒを祭神とする鳥見神社が、手賀沼から印旛沼にかけての地域に二〇社ほど集中して存在します。

ニギハヤヒを祭る神社が関東に多く、時にそれは非常に特徴的なあり方で存在します。このことから、やはり、ニギハヤヒも関東・鹿島から天孫降臨した神だということがわかるのです。

同時に、イワレヒコもまた関東発祥の神である、ということを示唆しています。アマテラスは関東におられ、ニニギノミコトらの神々が関東から西日本へやってくる、その状況が鮮明に浮かび上がってくるのです。

神社にまつわる文書記録は、文字で記録することが社会的に必要となった七世紀以降、つまり律令制導入以降の創建あるいは建立の神社でない限り存在しません。それ以前の物事については、誰も、文字による史資料を参照することができないのです。

鹿島神宮の、鎌倉時代に成立した由緒『鹿島宮社例伝記』には、神武天皇が即位した年に初めて宮柱を建てた、つまり創建した、と記されています。創建とは神宮の建造ということですから、鹿島神宮の存在そのものは、そのはるか昔に遡るはずです。

鹿島神宮宮司で神道研究家の岡泰雄氏は編著『鹿島神宮誌』（一九三三年）の中でこう述べています。

「当神宮は神武天皇の御即位の年に創祀されているから、その時に社殿もできたと思われる。しかし、それ以前にも神子神孫が奉斎していたようであろうから、社殿ももっと前からあったと思われる。しかし、いずれにせよ太古の家屋は簡素で久しくはもたなかったであろう。」

このように伝わっているということは、すなわち鹿島神宮は縄文の時代にすでに建立されていたと考えられます。それは、今までに述べてきた状況からも明らかでしょう。口承と史資料に残された歴史的事実の記憶、そして考古学的な実証は確かに噛み合うのだということを、私たちはこれから十分に考えていかなければならないと思います。

「天孫降臨」に関する通説の誤ち

天孫降臨とは何だったか、どういうものだったかについては、今までにもいろいろな説がありました。現在流布している通説のほとんどは、私がこれまでに述べてきた関東・東北、東日本の実情とはまったく関係のないところで解釈をしてきてました。

従来の説に慣れた方々には、私の理論による神話の読み取りは非常に意外に、または、とんでもないことに聞こえるかもしれません。そこで、少々、論駁をしておきたいと思います。

たとえば、『山の名前で読み解く日本史』（青春出版社）などの著書がある山岳研究家の谷有二氏は、「元より伝説であり特定はできないが」とした上で、ニニギノミコトが降臨した地を、「筑紫の日向の高千穂の霊じふる峰に天降りましき」という日本書紀の記述の「霊じふる」＝くじふる＝「クシフル」の音に注目して、それに音の似た九重連峰や久住山とする説を紹介しています。谷氏自身は、高千穂とは「高い山」の意味であり、「高千穂の添山峯《そほりのやまのたけ》」という記述が日本書紀にあることから、「添（ソホリ）」は「ソウル」と同じく王の都を指すなど韓国との関連を導入して、天孫降臨の地は本来九州北部としていたものが、政治的な理由で九州南部の九重連峰や久住山に移動したと考えているようです。

ソホリに「大きい」の意の「ク」がついたものが「クシフル」、また、神武天皇が即位した地「カシハラ」とも類似すると延べています。

『盗まれた神話　記・紀の秘密』（朝日新聞社）などの著書がある古代史研究家の古田武彦氏は、福岡県にある高祖山を中心とする連山が天孫降臨の地だとしています。「筑紫の日向」という記述に注目し、該当の連山には日向峠や日向山もあり、また、「くしふる山」という山名も存在すると言っています。

『ヤマト国家の成立の秘密　日本の誕生と天照大神の謎』（新泉社）などの著書がある歴史学者の澤田洋太郎氏は、天孫降臨はヤマト王権の、朝鮮から北九州への上陸を意味するとしています。また、澤田氏は著書の中で「『記紀』では、「天孫降臨」をもって日本建国の前段階としているが、この話が駕洛国の首露王の降臨をモデルとして創作されたことは明らかだ。ニニギが降りた場所が『古事記』では、「筑紫の日向の高千穂の久士布流多気《くしふるだけ》」になっているが、それは首露王が降りた「亀旨《くし》峯」の名前を借りていることは明白だ。しかし、降臨したニニギは「この地は韓国に向かい、笠沙の御前をまぎ通りて……」と言っていることからも、天とは韓国をさしていることを自ら語っていることになる」と語っています。

これらの説は、まず、前提の段階で問題があります。つまり、すべて、山に天降ったという垂直的な世界のイメージにとらわれ、山にこだわってしまっている、ということです。そのために、歴史とはまったく切り離された解釈に振り回されて、山の名前ばかりにこだわることになります。

澤田洋太郎氏は「朝鮮から北九州への上陸」という部分においては水平的だと言えるかもしれません。しかし、この手の大陸および朝鮮半島の文明あるいは文化を上位に見る説は、日本のものよりはるかに新しい年代測定の縄文土器が朝鮮半島で発見されている考古学的事実、そこから類推される、日本人の方こそが日本の文化文明を抱えて朝鮮半島に渡ったのだという歴史的経緯などの重要な事実をまったく無視しています。

人も文明も大陸から朝鮮半島を経由して日本にやってきたという誤った通説は古来存在し、戦後の、自虐史観をこそ正しいとする文化環境でますます強まりました。このことは、日本神話の読み取りを深刻なかたちで誤らせてきたと言えるでしょう。

記紀の記述が、天から山に降りた、となっていることは確かなことです。しかし、考古学の知見および歴史的事実との関連から紐解けば、右に掲げたような解釈には決してなりません。これまでの、天孫降臨とは何かについての仮説は、すべて間違いだろうと私は思います。

第三章　ニニギノミコトの子孫たち

時代の推移を示すコノハナノサクヤヒメの逸話

九州・鹿児島に上陸したニニギノミコトは、ひとりの美しい娘に出会います。オオヤマツミ（大山津見神）の娘、コノハナノサクヤヒメ（木花之佐久夜毘売）です。

ニニギノミコトはコノハナノサクヤヒメにまず、「あなたは誰の子か」と尋ねています。前に触れた天孫降臨の使命、正統な家系・血統に基づく統治を敷くということが強く意識されているのがここからもわかるでしょう。父のオオヤマツミは、古事記によれば、イザナギ・イザナミが神産みで産んだ最初の十神の末の男女一対神、ハヤアキツヒコ・ハヤアキツヒメが産んだ山の神です。

ニニギノミコトは、オオヤマツミに、コノハナノサクヤヒメとの結婚を申し込みます。オオヤマツミはとても喜んで、姉のイワナガヒメ（石長比売）とともに、たくさんの献上品を副えて送り出します。

ここで、問題が起こります。コノハナノサクヤヒメは、古事記の表記によれば「麗き（かほよき）」美人でした。顔立ちがたいへん美しいのです。

対して、その姉のイワナガヒメは「甚凶醜き（いとみにくき）」人でした。ニニギノミコトは、コノハナノサクヤヒメだけを迎え入れて留め置き、姉のイワナガヒメを送り返してしまいます。

オオヤマツミは、姉のイワナガヒメが送り返されたことをたいへん恥に思って、次のように申し送りをしてきます。

「わたくしが二人を並べて奉ったわけは、石長比売をお使いになると、天の神の御子の寿命は雪が降り風が吹いても永久に石のように堅実においでになるであろう。また木の花の佐久夜毘売をお使いになれば、木の花の栄えるように栄えるであろうと誓言をたてて奉りました。しかるに今石長比売を返して木の花の佐久夜毘売を一人お留めなすったから、天の神の御子の御寿命は、木の花のようにもろくおいでなさることでしょう」

（前掲『新訂古事記』）

こういう次第で今日に至るまで天皇の御寿命は長くない、と古事記はしています。日本書紀は、世の人の寿命が短いことの由来としています。

天皇におかれては、本当は永遠に生きることができる神の存在だったものが、ニニギノミコトがコノハナノサクヤヒメのみを選ぶことによって、短い生涯、普通の人間の生涯と同じほどしか生きることができなくなりました。ニニギノミコトは、そういう運命を選んだということになります。

この逸話は非常に興味深いものです。いかに天孫降臨の後の時代というものが、高天原の天津神としての存在が葦原中津国に生きる国津神としての存在へ移っていった時代であるかということをよく表しています。

「イワナガヒメを選べば、石《いわ》のように長く生きることができる」というのは、すなわち、長く安定していた縄文時代の家系を意味していると考えられます。それ以後、時代がどんどん変わっていき、古墳、飛鳥の時代と、政治的な原因をはじめとしたさまざまな移動を必要とする、不安定な時代に入っていくことを示唆しています。

ニニギノミコトがコノハナノサクヤヒメを選ぶということは、そういうニュアンスを持っています。ここもまた、歴史的事実と重なります。と同時に、現代まで続く男性の女性に対する見方を、すでにここで痛烈に批判していることにもなります。見てくれにとらわれて、大事な持続性を忘れる男性がすでに縄文時代からいたのです。「天皇家」でさえも同じ人間だということをもいっているのです。

縄文時代というものは、従来考えられてきたように、ただ原始的だったから、素朴だったからということで長く存続したのではありません。日高見国という祭祀国が長く存在し、自然信仰のもと、石《いわ》を崇めるという信仰体系のもとで、長く安定した時代として存在しました。

ひとつひとつの神話は、現実具体的な時代と結びつき、歴史の説明となります。そういうことが、天孫降臨の神話におけるコノハナノサクヤヒメの逸話からもはっきりとわかるわけです。

神の子が人間社会の中に入っていく過程

ニニギノミコトのもとに留め置かれたコノハナノサクヤヒメは、一夜で妊娠します。コノハナノサクヤヒメとニニギノミコトの間に、次のような会話が交わされます。

「わたくしは妊娠しまして、今子を産む時になりました。これは天の神の子ですから、勝手にお生み申し上ぐべきではございません。そこでこの事を申し上げます。」

「佐久夜毘売よ、一夜ではらんだと言うが、国の神の子ではないか。」

（前掲『新訂古事記』）

ニニギノミコトは疑っています。裏切りということではなく、確かな血統を気にしてのことです。それに対してコノハナノサクヤヒメは、次のような手を打ちます。

「わたくしのはらんでいる子が国の神の子であるならば、生む時に無事ではないでしょう。もし天の神の子でありましたら、無事でありましょう」と申して、戸口の無い大きな家を作ってその家の中におはいりになり、粘土ですっかり塗りふさいで、お生みになる時にあたってその家に火をつけてお生みになりました。」

（前掲『新訂古事記』）

子は無事に生まれます。この時、真っ盛りに燃える炎の中で生まれたのが、古事記によればホデリ（火照命。海幸彦）、ホスセリ（火須勢里）と、ホオリ（火遠理命。山幸彦）またの名をアマツヒダカヒコホホデミ（天津日高彦穂穂出見尊）です。海幸彦は漁労、山幸彦は狩猟です。このように、神の子が現実具体的な人間社会の中に入っていく、その過渡期がコノハナノサクヤヒメの出産に描かれていると考えていいでしょう。

コノハナノサクヤヒメの父であるオオヤマツミ（大山津見神）は高天原系であり、関東発祥の神です。大山という名の山および地名は全国にありますし、神奈川県にも大山という名の一千メートル級の山がありますが、やはりこの大山は富士山のことだと考えるべきでしょう。大きな山の代表が富士山であるからです。

火中出産、また、父である山の神オオヤマツミから富士山を譲り受けたという言い伝えからコノハナノサクヤヒメが富士山の御神体に、浅間神社の祭神になったというのは、後の江戸時代に入ってからのこととされています。しかし、もとより、コノハナノサクヤヒメと富士山の関係は神話の中で予見されていました。

コノハナノサクヤヒメが富士山の神となるのは当然のことだと言えるでしょう。ニニギノミコトの婚姻もまた、関東・高天原系の血統との婚姻でした。

コノハナノサクヤヒメと吾田鹿津姫

ニニギノミコトの婚姻と御子の誕生について、日本書紀はさまざまな異伝を掲載しています。本書に続いて「一書に曰く」とした異伝が第八まであります。

その中の第五で、コノハナノサクヤヒメは、「アタカシツヒメ――吾田鹿津姫」として登場します。アタカシツヒメもまた一夜で妊娠します。

吾田鹿津姫に「鹿」の字が入っているのは注目されるべきことです。縄文の信仰体系の一環だと考えられます。また、鹿島神宮と関係する可能性もあります。

葦原中津国と言った場合、葦原というのは水が豊かで緑の生え茂る国、また、稲穂豊かな国もまた意味するところから、どうしても弥生時代を連想します。従来、水田農耕とセットになった弥生時代は紀元前三〇〇年～紀元後三〇〇年の期間を指す、と長い間考えられてきました。

二〇〇三年、国立歴史民俗博物館（千葉県佐倉市）が二度にわたって重要な発表をしました。加速器質量分析法（ＡＭＳ）で算出した結果、「弥生の始まりが従来より五〇〇年さかのぼる可能性が強い」という新説です。

国立歴史民俗博物館は、「九州北部の弥生時代早期から弥生時代前期にかけての土器に付着していた炭化物などの年代を、ＡＭＳ法による炭素一四年代測定法によって計測したところ、紀元前約九〇〇～八〇〇年ごろに集中する年代となった」と発表しています。また、「同時期と考えられている遺跡の水田跡に付属する水路に打ち込まれていた木杭二点の年代もほぼ同じ年代を示した」ということですから、水田農耕もまた、約三〇〇〇年前には存在したことがわかります。

約三〇〇〇年前という時代は、従来、縄文時代後期とされていた時代です。つまりその頃には、縄文の信仰および狩猟採集漁労とともに稲作農耕が営まれていた可能性は高く、日本書紀に描かれた高天原の暮らしの様子「アマテラスは粟・稗・麦・豆を畑の種とし、稲を水田の種とした」は、縄文の暮らしとして想定しても矛盾しないことになります。

このことからも天孫降臨は、東日本の縄文世界と結びついていた可能性を強く持っていると言えるでしょう。

山幸・海幸とアマテラス・スサノオの関係

天孫降臨が縄文世界と強く結びついていることは、ニニギノミコトとコノハナノサクヤヒメとの間に生まれた神々のその後の逸話からもわかります。「海幸山幸」は、日本の昔話の中でも特に有名なもののひとつですが、その原型が、ニニギノミコトの息子たちの逸話です。

燃え盛る産屋の中でコノハナノサクヤヒメが産んだ長男のホデリ（火照命）は、海幸彦と呼ばれて、海のさまざまな魚を獲るのを得意としました。末子として生まれたホオリ（火遠理命）は山幸彦として山に住む鳥獣の類を獲ることを得意としました。漁労と狩猟を営んでいるわけですから、海幸彦と山幸彦は縄文の伝統を象徴している神だと言うことができます。

また、古事記によれば、山幸彦は海神に「兄様が高い所に田を作ったら、あなたは低い所にお作りなさい。兄様が低い所に田を作ったら、あなたは高い所に田を作りなさい」というアドバイスを受けていますから、海幸彦・山幸彦ともに稲作も行っていることがわかります。これは、前項で触れた国立歴史民俗博物館による二〇〇三年の研究発表の意義と重なります。

興味深いのは、山幸彦と海幸彦が、アマテラスとスサノオの関係を引き継いでいるということです。アマテラスは高天原を治め、スサノオは海原を治めるようにイザナギは命じました。

高天原つまり富士山を中心とした関東・山の領域で活動するのがアマテラス、海で活動するのがスサノオです。ニニギノミコトの子孫たちが活動する舞台は九州ですから具体的な場所は変わりますが、山幸彦がアマテラスの役割を、海幸彦がスサノオの役割を担っていると言えるでしょう。

結局は山幸彦が海幸彦の優位に立ちますから、国譲りにおいて、「スサノオの直系である」オオクニヌシが、「アマテラスが派遣した」タケミカヅチ・フツヌシの説得に応じる、そしてその後に天孫降臨が用意される、という構造と同じです。ただし、海幸彦・山幸彦ともに、関東・高天原からきたニニギノミコトの勢力下にあるわけですから、海幸彦・山幸彦ともに高天原勢力と言っていいでしょう。

山幸彦の三代目であり、ニニギノミコトから四代目にあたるイワレヒコ（神武天皇）が東征を行って奈良・大和の地まで平定するわけですが、それまで、天孫降臨の子孫たちが九州にいた期間がかなり長い時間だったことが日本書紀に記されています。イワレヒコが四五歳になった時、兄たちや皇子を集めてこう言います。

「このとき世は太古の時代で、まだ明るさも充分ではなかった。その暗い中にありながら正しい道を開き、この西のほとりを治められた。代々父祖の神々は善政をしき、恩沢がゆき渡った。天孫が降臨されてから、百七十九万二千四百七十余年になる。」

（前掲『全現代語訳日本書紀』）

一九世紀江戸時代の国学者・伴信友は、平安期から伝わるさまざまな皇代記、年代記を研究して、右記に出てくる数字から、イワレヒコ以前の三代の寿命を次のようにまとめました。

ニニギノミコト　三十一万八千五百四十二歳
ホオリ（山幸彦）　六十三万七千八百九十二歳
フキアエズ（天津日高日子波限建鵜葺草葺不合命。神武天皇の父）
　八十三万六千四十二歳
合計　百七十九万二千四百七十六年

神武天皇が百二十七歳、孝安天皇百三十七歳、垂仁天皇百三十九歳、景行天皇百四十七歳など、日本書紀には考えられない寿命の数字が数多く出てきます。しかし、天孫降臨から神武天皇までの経過期間が三代で百七十九万二千四百七十余年というのは少々極端すぎます。

これはやはり、きわめて長い時間をかけて天神の子孫たちが九州に居つき定着した、ということの記憶だろうと思います。つまり、東征まで長い期間がかかったがいよいよ、ということを強調するためにイワレヒコ（神武天皇）はこの数字を言ったのでしょう。

この非現実的な数字は、たとえば仏教にある釈迦入滅五十六億七千年後に弥勒菩薩が現れる、といったものとは意義が違います。イワレヒコが使った数字の非現実性は、それが、クロニクル（年代記）を必要としない平和な時代の記憶としての数字だからこそだと考えられます。

ホオリが美男であることの意味

縄文・弥生の時代、日高見国の時代は、のんびりしたと言うと語弊がありますが、とにかく平和な時代でした。平和な時代が長く感じるというのは、それが特別に年代を意識する必要が無い時代だからです。

いつ何年に何が起こったかという意識は、戦争や内紛が何度もおきたり、外からの侵略がたびたびあったりする歴史を持つ国や地域に必要となるものでしょう。海幸彦と山幸彦の間に起こったのは確かに戦いですが、基本的には「貸した釣り針を返せ」という物語でした。

古事記によれば、道具を交換してお互いの仕事を替えてやってみようとまず提案したのは、弟のホオリ（山幸彦）です。兄のホデリ（海幸彦）は三度、断っています。

ホオリは海に出ますが魚は一匹も釣れません。さらには、兄のホデリから借りた釣り針を失くしてしまいます。

兄のホデリは、元の釣り針を返せ、と怒ります。ホオリが、自らが佩いていた「十拳の剣」つまり長い剣を壊して、五百本の釣り針を作って償おうとしても、千本の針を作って償おうとしても、兄のホデリは承知しません。

ホオリが海辺で泣き悲しんでいるところに、シオツチ（塩椎神・塩土老翁神）がやってきます。シオツチは事情を聞き、「わたくしが今あなたのために謀《はかりごと》をめぐらしましょう」と、事の解決を請け合います。

シオツチは、宮城県塩竈市にある鹽竈神社の主祭神です。当然シオツチは、東北の神であり、九州においてもやはり、東国、日高見国の高天原系の神が常に助ける、バックアップするという構図です。

シオツチはまず、「間なし勝間の小船」（隙間の無い籠の小船）を作ります。この小船を造った場所が「鹿児山」であるという伝承があり、鹿島と関連づけられるということは前にも触れました。

シオツチは、ホオリを小船に乗せて、海に送り出します。「道があるから、そこを行くと魚の鱗のように造ってある綿津見の神の宮がある。門の傍の井の上に立派な桂の木があるからその木の上にいれば、海神に仕える女があなたを見つけて何とかしてくれるはずだ」とシオツチは言うのです。

ホオリはシオツチに教えられた通りに行動します。案の定、綿津見の神の宮に仕える侍女がホオリを見つけて、海神の娘であるトヨタマヒメ（豊玉毗売命）に報告し、トヨタマヒメは門のところまで出てきます。

「ここに豊玉毗売の命、奇しと思ほして、出で見て見感でて、目合して、その父に、白して曰く、「吾門に麗しき人あり」とまをしたまひき。」（前掲『新訂古事記』）

父の海神もまた姿を見せて、「この人は、天つ日高の御子、虚空つ日高なり」と、ホオリの出自を見抜き、トヨタマヒメと結婚させます。その結婚の儀は、アシカの皮八枚の上に絹の敷物を八枚重ね、たくさんの献上物をそなえてご馳走して、という豪華なものでした。

ここで注目したいのは、トヨタマヒメがホオリのことを「麗しき人」と評価していることです。つまり、ホオリは美男でした。

ニニギノミコトがコノハナノサクヤヒメという美女を妻にしたということがまさに継承されていて、ホオリもまた、トヨタマヒメに一目惚れされるほどの美男です。ニニギノミコトの家系、子孫たちは、代々美形として語られるという予感がここにはあります。

実にこうした、神話の中でフェティッシュな関連性を築き上げているということが、古事記、日本書紀の文学性を保証していると言えるでしょう。記紀を描いた人々は、ある程度、こうした物語性を意識して書いていたに違いありません。そしてここには、同時に、人々の古の記憶の保存が担保されているのです。

日本の歴史の基本である山幸彦対海幸彦

ホオリは、綿津見の神の宮で三年を過ごします。そして、三年目に大きなため息をつきます。自分がなぜここにきたのかを思い出したのです。

トヨタマヒメの父である海神にホオリは一切を打ち明けます。海神は魚たちを集めて、鯛の喉奥から釣り針を発見し、ホオリに渡します。その時、海神は「この鉤を兄様にあげる時には、この鉤を貧乏鉤の悲しみ鉤だと言って、うしろ向きにおあげなさい」とアドバイスするとともに、次のように言います。

「兄様が高い所に田を作ったら、あなたは低い所に田をお作りなさい。兄様が低い所に田を作ったら、あなたは高い所に田をお作りなさい。そうなすったらわたくしが水を掌っておりますから、三年の間にきっと兄様が貧しくなるでしょう。もしこのようなことを恨んで攻め戦ったら、潮の満ちる珠を出して溺らせ、もしたいへんにあやまって来たら、潮の乾る珠を出して生かし、こうしてお苦しめなさい。」

（前掲『新訂古事記』）

そしてホオリは海神から「潮の満ちる珠」と「潮の乾る珠」を受け取り、鰐（サメ）に乗って一日で帰ります。ホオリが海神の忠告通りにすると、兄のホデリは確かに貧しくなり、ホオリを恨んで攻め込んできました。

「潮の満ちる珠」と「潮の乾る珠」の効果はてきめんで、溺らせては救い、救っては溺らせることで、いよいよ兄のホデリは「私は今から後、あなた様の昼夜の護衛兵となってお仕え申し上げましょう」と降参します。古事記ではホデリを隼人の遠祖としており、隼人が、儀式などで溺れたようなしわざを演じる由縁がここにあると記しています。

ここには兄に勝つ弟という関係があり、聖書に伝わるカインとアベルと似た構図を見る説もあります。しかし、そういったことよりも、山彦と海彦の関係は、やはり「山」と「海」という関係であり、日本の歴史の基本であるということに着目すべきです。

日本列島恒常の課題が記されている日本神話

私は、大和民族の「大和」は「山の人」であると考えています。山の人が大和という言葉に置き代わったのであり、日本というものはやはり山を中心、内陸を中心として、それを守ることを重要とするのです。日本の真ん中にある富士山ほど、それを象徴するものはないでしょう。

日本人は山の人であり、日本列島においては、やはり、海から来た人を山の人が「手なづける」という歴史になります。海幸彦・山幸彦の逸話においても、決して、海幸彦を殺していません。

打撃を与えて再起不能にするということでもなく、溺れさせて懲らしめはするけれども、その目的は降伏条約を取りつけることにあります。したがって、兄の海幸彦は弟・山幸彦の護衛兵となり、この後ずっと、弟を支持していくことになります。

ここのところも、決して見逃してはいけない日本神話の書かれ方のひとつです。日本神話は、歴史的事実の記憶です。争いがあって勝利しても、必ず相手を活かす、敵を活かすということを常に意識して行ってきたこと、そうして日本はできあがっていったという記憶がそこにはあります。

高天原系が中津国あるいは海岸系の人々を平定するという関係は、ちょうど、高天原系がオオクニヌシ系に国譲りさせる、という関係に合致します。日本神話においては、つまり、山が海を制するという物語の骨格がぶれることなく進行しているということがわかります。

そしてこれが現実と重なり合っていただろうことを、歴史的事実が裏付けます。日本は常に、海を経由してやってきた、つまり外国から船でやってきた人々にいかに対処するか、彼らをいかに日本化するかということを課題としてきました。この問題がすでに、日本神話にしっかりと記述されているわけです。

海の向こうに見る理想

山幸彦の神話には、海にいる人々、綿津見の神の国の住人という存在が描かれています。

海の中に別の国があるという、好奇心をそそられる興味深い世界の象徴となっています。昔話の浦島太郎なども、そういった一種の憧れから語り継がれていると言ってもいいでしょう。すると、さて、いったいどこに海の中の国、海の都といったものがあるのだろうということになります。

山幸彦の神話、浦島太郎の昔話に類する話は、ひとつの幻想物語として、日本の海岸地域の各地に伝えられています。熊野には、海の彼方には永遠の生を約束する補陀洛浄土があるとされて補陀洛山寺（和歌山県東牟婁郡）を拠点として多くの僧が海へ漕ぎ出していった、という話が残っていますが、これも、仏教以前から伝承されている海に対する考え方が元になっていると考えられます。

対馬に「和多都美神社」があります。対馬で最も重要とされている神社です。ホオリが上っていた桂の木の下にある、トヨタマヒメとの出会いの場所である「井」が「玉の井」として境内にあるということは、ここが綿津見の神の宮そのものであると見立てられているということです。

日本における海の思想体系のひとつに、綿津見というひとつの言葉があれば、日本人はそこにもうひとつの世界を思い浮かべる、綿津見は別世界であると人々が考えている、という流れがあります。これはつまり、日本人は、太平洋という大海を前にした場合、今こここにある日本列島とは別の、それ以上の場所、理想の場所があるのかどうかということに思いを馳せてきた、ということでもあるでしょう。

綿津見の神の国とエクアドル

海の向こうに思いをはせるということは、これは実は「行き止まり感」の言い換えでもあります。日高見国あるいは高天原は、太陽の上る場所そのものでした。日が立つところという、高天原も日高見国も同じ意味合いを持つ言葉です。

日が立つところつまり日が上る東方に永遠の国、永久の国があるという考えは、人類の普遍的な思想であり信仰です。日本列島は、ユーラシア大陸の東端からさらに東へ渡ったところにある、世界にとっての理想の地でした。

人類はアフリカから出発し、日の昇るところに、向かって移動してきました。最終的にやってきたのが日本列島でした。

それも、九州や関西地方ではなく、まず東日本にやってきています。このことは、前にも触れた通り、旧石器時代の遺跡の数の多さから明らかなことです。縄文時代の人口分布の推移を見ればわかる通り、旧石器時代から縄文後期まで、日本列島の人口は東日本に集中していました。

そして、中には、さらに東に、まだ理想の地があるのではないかと考えた人々がいました。それがつまり綿津見の思想であり、現実の事象としては、中米エクアドルのバルディビア遺跡から出土した土器を運んだ縄文人ということになるでしょう。

水平方向に転換されるべき関係

太陽の上る場所を目指して移動してきた人々が到達した地が、富士山を中心とした関東あるいは東北つまり東日本でした。そしてそこが、日本列島にたどり着いた人々にとっての中心であり、価値の「高い」地でした。

緯度の高い低いは近代科学を待ってからの基準になりますが、結果的にはそれとも見合うかたちで、東日本から西日本への移動は、「下りる」という意識になります。中心たる東日本から、西日本へ下りて平定を行うということから、高天原からの天降り、という考え方も生まれたはずです。

記紀に描かれた天孫降臨は確かに垂直方向の移動のイメージです。しかしそれは、実際には水平方向に転換されるべき、東と西の関係です。

関東から九州へ、つまり鹿島から鹿児島へ船で向かうということが「下りる」という意識および言い方で表されます。鹿児島神宮は、天津日高彦穂々出見尊（ホオリ。山幸彦）、豊玉比売命（トヨタマヒメ）を主祭神としています。神社そのものは後にできているわけですが、それらの神がこの地におわすということは、すでにその前から、ひとつの土地の記憶として残されていたと考えられます。

ニニギノミコトの息子とその妻がこの地にいたことを鹿児島神宮は示しています。これはつまり、日高見国の神々は、鹿島を出発して鹿児島に到着したのだということを鹿児島神宮が示しているということでもあります。このことひとつをとっても、私の説つまり、天孫降臨は関東から九州鹿児島への天降りであるという説は裏付けられるでしょう。

ニニギノミコトの子孫たちは、かなりの時間を九州で過ごします。

「いづれの地にまさば、天の下の政を平けく聞しめさむ。なほ東の方に、行かむ」

（前掲『新訂古事記』）

イワレヒコ（神武天皇）が、いよいよ東へ行かなければならないと決意するまでに、前にも触れたように、日本書紀ではニニギノミコトの天孫降臨から一七九万二四七〇余年かかりました。

これは象徴的な数字ですが、いずれにしても、かなりの年数を経てから後のことと考えられます。記紀では、ニニギノミコトの四代目がイワレヒコ（神武天皇）と記されていますが、実際にはさらに何代かの子孫が重ねられていたのかもしれません。

次章より、神武天皇の東征を読み解いていきたいと思います。東征もまた、国譲りから天孫降臨に続く一貫した高天原勢力の列島統一事業と見るべきです。古事記、日本書紀ともに、神武天皇記は、東征がその大部分を占めています。

第四章　神武東征からわかる関東勢力の存在

神武天皇からすべては始まるという日本観

かつて日本神話というものがこの神武東征を中心に語られ、日本神話はここに始まるとされた時期がありました。高天原は九州にあったという誤解は、このことから始まった誤解であると考えられます。

神武天皇記は、古事記では、筑紫の高千穂の宮でイワレヒコ（神武天皇）が兄の五瀬の命と東征を相談するところから始まります。日本書紀では、宮の場所を明言してはいませんが「日向の国吾田邑の吾平津媛を后とした」と記し、天孫は「この西のほとりを治められた」とイワレヒコが言っています。日本神話の読み解きをまずここから始めるならば、日本のもともとは九州にあったと捉えられてしまうのは当然のことと言えるでしょう。

明治二四年（一八九一年）、時の文部省が「小学校教則大綱」を定めます。日本国史については「建国の体制」から始めるとされ、この大綱に沿って編纂された『帝国小歴』『日本歴史』などの教科書は、おしなべて、その前の神話を省いて神武天皇から語り始め、天皇陛下の御祖先と教えました。明治三二年（一八九九年）頃から、神武天皇の前に天照大神、三種の神器、天孫降臨などの説明が加わりますが、これは、神武天皇の権威を高めるものとしての意味合いが強いと考えられます。

記紀に記された日本神話および天皇の歴史に広く一般人が親しむのは、こうした明治政府の教育政策以降のことです。しかし、それまで古事記や日本書紀が読まれていなかったわけではありません。

江戸時代には、当時の木版印刷技術で古事記も日本書紀も出版されていました。一七世紀の印刷本が現存しています。漢文ですから、一般庶民が読むのは難しいことですが、江戸期の町学者は両書ともかなり読み込んでいました。

本居宣長（一七三〇〜一八〇一年）は大著『古事記伝』の序文で、次のようなことを述べています。

「古事記は日本書紀の一書の中のひとつに過ぎないと、以前から言われている。確かに日本書紀は広く集められた史料をもとにしており、年月日も明らかにされ、史書として古事記は及ばないところが多い。しかし、書物がなく、口承で伝えられた時代ということを考えてみれば、当時の実際は日本書紀の文のようなものでなく、古事記の言葉のようだったに違いない。日本書紀は中国の史書に似せようとして文を飾っている。古事記は、古来伝わる言葉を素直に伝えようとしている」

（筆者要約）

論の評価はともかくとして、江戸期の知識人にとっては、古事記を読むことも日本書紀を読むことも常識的な教養であったことが伺えます。宣長が『古事記伝』を書くにあたって参考としたのは、出版普及していた古事記でした。

本居宣長像

宣長より一〇〇年ほど前の知識人および政治家ですが、新井白石（一六五七〜一七二五年）は、著書『古史通』の中で、私の研究・分析とは違った直感的な視点から、高天原は常陸国つまり関東・茨城にあったと述べています。これについては拙著『高天原は関東にあった』で触れています。明治期の「小学校教則大綱」で定められたような歴史観ではなく、少なくともそれよりは客観的に日本神話を眺めようとする姿勢の表れと言うことができるでしょう。

東を忘れた記紀の記述

日本書紀には、とりわけ神武天皇記以降の記録において、東国のことはほとんど、さらには東国を肯定的に述べるような記述に至ってはまったく記されていません。これが、特に明治以降の、そして現代に至る人々の誤解を産みました。

ヤマト政権というものが神武天皇によって奈良・橿原の地に樹立されたことをもって日

本全体が統一されたと、一般的には考えられています。そのことがあたかも、大和地方よりも東は未開の地で何もないかのような考え方、また印象を与えました。

しかし、歴史的事実はまったくそうではありません。本書で詳しく述べてきたように、日本列島の東、関東・東北こそはすでに日高見国として、高天原系勢力によって統治・統一されていたと考えられます。

「縄文人口シミュレーション」から分析できるような気候の変化および海外からの帰化民による西日本の人口の増加と大陸の政治的情勢によって、高天原は西日本を治める必要が出てきました。その政策実行が、天孫降臨という関東・鹿島から九州への天降りであり、神武東征です。

だからこそ、神武東征は、奈良つまり大和地方までなのです。それよりも東、中部・関東・東北の東方はすでに日高見国によって統治されており、平定する必要がなかったということでなければ、神武東征で日本統一がなされたという考え方は理解できません。

いくら何でも、日本列島の三分の二に近い東部が無人であり未開であるというようなことを当時の人が考えるはずはありません。しかし、縄文・弥生の時代は確かに東日本の人口が圧倒的に多かったことは考古学的知見からわかっていますが、それを示すようなことを神話は語っていません。

こういったことからまた、神話は嘘だ、取るに足らないファンタジーだという考え方にもなりがちです。しかし、そうではなく、その部分はすでに人々が共通認識として持っており、語る必要がなかったと考える方が自然です。あるいは、西を強調するために、つまり困難を極めた西日本の平定の記憶を強化するために東を忘れた、東を忘却するふりをしたとも考えられます。

イワレヒコ（神武天皇）の血統と呼び名

イワレヒコ（神武天皇）は、ホオリ（山幸彦）とトヨタマヒメとの間に生まれたウガヤフキアエズ（天津日高日子波限建鵜葺草葺不合命）の四男です。母は、トヨタマヒメの妹、タマヨリヒメ（玉依毗売命）です。

古事記によれば、トヨタマヒメは妊娠していたこともあって、陸に戻ったホオリの後を追いました。海辺に産屋を建て、トヨタマヒメは自らの国の出産の方法で、つまり八丈もある大きな鰐の姿になってウガヤフキアエズを産みます。

鰐の姿になった姿をホオリに見られたトヨタマヒメは、恥じて綿津見の神の国に帰り、海の道を閉じます。その時に、御子を養育するために妹のタマヨリヒメを残しました。ウガヤフキアエズは、姨であり育ての親でもある姫を后としたということになります。

ウガヤフキアエズとタマヨリヒメの間には、イツセ（五瀬命）、イナヒ（稲氷命）、ミケヌ（御毛沼命）が生まれ、そして末子のイワレヒコ（若御毛沼命、またの名を豊御毛沼命、またの名を神倭伊波礼毗古命）が生まれます。神倭伊波礼毗古命《かむやまといわれひこのみこと》は、日本書紀では神日本磐余彦尊と表記されています。

イワレヒコの「イワレ（磐余）」は、現在の奈良県桜井市南西部から橿原市南東部の一体を指す古地名として伝わっている言葉です。最終的にこの地に定着したのでイワレヒコと呼ばれたものと考えられます。

日本書紀では、神日本磐余彦天皇《かむやまといわれひこのすめらみこと》と呼ばれ、諱（今で言う実名）をヒコホホデミ（彦火火出見）としています。橿原で即位した際には、神日本磐余彦火火出見天皇《かむやまといわれひこほほでみのすめらみこと》と号しました。

橿原即位の時にまた、始馭天下之天皇《はつくにしらすすめらみこと》という美称が被されました。「初めて国土を統治した天皇」という意味です。

神武天皇の「神武」は、諡号と呼ばれる、天皇にあっては崩御後に尊んで改めてつけられる号です。鎌倉時代末期成立の日本書紀注釈書『釈日本紀』に、八世紀奈良時代後期の元皇族の文人・淡海三船が漢風諡号として「神武」を撰進したことが記されています。

東征の決心と東方の意味

日本書紀によればイワレヒコは、イツセ、イナヒ、ミケヌの兄弟と御子タギシミミ（手研耳命）にニニギノミコトの天孫降臨について話し、「遠い所の国では、まだ王の恵みが及ばず、村々はそれぞれの長があって、境を設け相争っている」と統一の意思を示唆します。イワレヒコはまた、塩土の翁（しおつちのおじ）に、前もってこのことについていろいろと請問していたようです。

「さてまた塩土の翁に聞くと「東の方に良い土地があり、青い山が取り巻いている。その中へ天の磐舟に乗って、とび降ってきた者がある」と。思うにその土地は、大業をひろめ天下を治めるによいであろう。きっとこの国の中心地だろう。そのとび降ってきた者は、饒速日というものであろう。そこに行って都をつくるに限る。」

（前掲『全現代語訳日本書紀』）

塩土の翁はシオツチ（塩椎神）と同一神あるいはその家系です。シオツチは、ホオリ（山幸彦）のために船をつくってやり、綿津見の神の宮へと送った神です。

シオツチが宮城県塩竈市にある鹽竈神社の主祭神であることは前に触れました。イワレヒコもまた、神武東征のそもそものところで、関東・高天原系の神にサポートされていることがわかります。

話を聞いていた人々は同意します。塩土の翁の言う「東の方に良い土地」、イワレヒコの言う「この国の中心地」は奈良・大和を指しているということが、饒速日（ニギハヤヒ）の名が出ていることではっきりとわかるので、イワレヒコにとっては、九州が西で大和が東、という認識です。

イワレヒコは、自分の家系は東国、関東からやって来たということを忘れているように見えます。しかし、ここは、それはまったく当然のものとされているのでそういったことには触れていない、とするのが正しいと私は思います。

なぜかと言えば、イワレヒコは、後になって、戦いの際には必ずアマテラス、タケミカヅチ、タカミムスビといった高天原勢力に助けを求めています。つまり、東国に助けを求めているということが明らかだからです。

東征の中継地・吉備の国と前方後円墳

イワレヒコらは「速やかに」東征の実行に移ります。「其の年の冬十月」に、イワレヒコは諸皇子と船軍を率いて出発します。つまり一行は船で出発したわけです。

九州から大和に向かうのであれば、現在の関門海峡こそは船で渡る必要がありますが、内陸を陸上交通で行くことが充分に可能です。船での出発は、当然、天孫降臨は船で行われたものだ、平定のための遠征に船は欠かせないものだ、ということが意識されているはずです。ここにも、天孫降臨は鹿島から鹿児島への船降りだったという示唆があります。

イワレヒコら東征軍は、筑紫の国（福岡県）の宇佐に入ります。ここに、宇佐津彦と宇佐津姫という地方の実力者がおり、イワレヒコは、侍臣のアマノタネ（天種子命）と宇佐津姫を結婚させます。アマノタネは中臣氏の先祖のひとりとされています。

一一月には、筑紫の国の、おそらく船舶航路の要衝であろうと思われる岡水門《おかのみなと》に到着します。イワレヒコは岡水門を出発して瀬戸内海へ入ることになります。

一二月には安芸の国（広島県）に入り、その翌年の三月に吉備の国（岡山県およびその周辺）に入ります。吉備の国でイワレヒコは行宮（仮の宮）として高島宮を建設し、三年間を過ごします。

古事記には、イワレヒコは吉備の国に八年間滞在したとあります。いずれにしても吉備での長期間の滞在をイワレヒコは必要としました。船舶を整え、兵糧を蓄えて、一気に東征を完遂する計画だったと日本書紀には記されています。

ここにひとつ、歴史的事実との符号があります。吉備の国というのは不思議な地域で、後に奈良大阪と並んで、前方後円墳が多数造成される場所です。

遺跡としては、岡山県新庄市にある造山古墳が有名で、墳長三五〇mの日本で四番目に大きな前方後円墳が現存しています。上位の三つは、仁徳天皇陵古墳はじめ、すべて大阪にあります。

これは、イワレヒコが吉備の国に長く滞在し、当地の人々と交わったということ、おそらくは非常に友好的な関係を築いたということが考えられます。イワレヒコにとっては、軍勢をここで整えるべく中継した重要な地ですから当然でしょう。

イワレヒコとこの土地の関係を示す記憶があってこそ、後の古墳時代に、吉備の国が栄えるわけです。日本神話における記述と考古学的事実を並べて初めて、このような説明が可能になります。

神武東征軍の水先案内人

こうしてイワレヒコの東征軍は関西にいよいよ進軍するわけですが、ここまでの進軍を水先案内した存在があります。椎根津彦《しいねつひこ》です。古事記では槁根津日子《さおねつひこ》と記されています。

椎根津彦は、元は珍彦《うずひこ》という漁師でした。イワレヒコの軍勢は、東征に出発してすぐに、速吸之門（はやすいなと。大分県・愛媛県間の豊予海峡）で珍彦に出会います。小舟に乗ってやってきた珍彦はこう言います。

「私は土着の神で、珍彦と申します。曲の浦に釣りにきており、天神の御子がおいでになると聞いて、特にお迎えにあがりました。」　（前掲『全現代語訳日本書紀』）

「土着の神」とは国津神のことです。イワレヒコは珍彦に案内を依頼し、東征軍の船に上げ、椎根津彦という名前を下賜します。

ニニギノミコトの天孫降臨の際のサルタヒコと同様の展開がここにあります。神武東征の物語がニニギノミコトの天孫降臨を強く意識して語り継がれていたことを示すものでもあるでしょう。

ナガスネヒコ軍の東側に回り込む意味

吉備国高島宮で準備万端整えた東征軍は宮を発ち、春二月に大阪の難波碕に到着しました。速い潮流に助けられたということで、到着した地域を波速国《なみはやのくに》とした、と記され、今に難波《なにわ》というのはこれがなまったものだ、と解説が付いています。

イワレヒコの東征軍は、ここから川を遡り、河内国（大阪東部）草香村、青雲の白肩津に入りました。徒歩による進軍で竜田（奈良県北葛城郡王寺町あたりとされる）に向かおうとしました。

いよいよ大和の地へということなのですが、ここで問題が起こります。竜田に向かう道は狭く険しく、人が並んで歩けない状態でした。そこで東征軍は、生駒山（大阪・奈良県境にある山）を越えて進軍することにしました。その情報を得て、東征軍の前に立ちはだかったのが、東征最大の強敵となるナガスネヒコ（長髄彦）です。

ナガスネヒコは、生駒山一帯を支配していた実力者です。ナガスネヒコは、イワレヒコの軍勢を侵略軍だと判断しました。

ナガスネヒコは自国全軍を率いて進軍し、イワレヒコの東征軍と、孔舎衛坂（くさえのさか。生駒山を越える坂）で全面衝突します。ここで、イワレヒコの兄のイツセが敵の矢に負傷し、東征軍は、一時、進軍を止めざるをえませんでした。

東征軍は作戦の立て直しを迫られますが、その会議でイワレヒコは、きわめて興味深い、次のようなことを言うのです。

「いま自分は日神の子孫であるのに、日に向かって敵を討つのは、天道に逆らっている。一度退去して弱そうに見せ、天神地祇をお祀りし、背中に太陽を背負い、日神の威光をかりて、敵に襲いかかるのがよいだろう。このようにすれば刃に血ぬらずして、敵はきっと敗れるだろう。」（前掲『全現代語訳日本書紀』）

このイワレヒコの言葉は、高天原が東国・関東にあったことを、端的に明解に示すものです。「背中に太陽を背負い、日神の威光をかりて、敵に襲いかかるのがよいだろう」とは、つまり、ナガスネヒコ軍の東側に回り込んで、東側から攻め込めば勝機があるとイワレヒコが判断したということです。

なぜ勝機があるのかと考えたかと言えば明らかな話で、ナガスネヒコ軍の東側に、イワレヒコに味方する勢力があったに違いありません。それはつまり、アマテラスを掲げた関東高天原系の勢力に他ならないのです。

イワレヒコ親族の最初の戦死

東征軍は作戦立て直しのため、一旦、草香津（白肩津と同地とされる）まで退却します。イワレヒコは盾を立てて雄叫びを上げ、東征軍の指揮を鼓舞しました。

このことから草香津は盾津と呼ばれるようになります。今に蓼津という地名があるのはそれが訛ったものだとしてあり、こうしたかたちでの地名が各地に残っているということは、いかに、記紀に事実性があるかの証であると考えるべきだろうと思います。

東征軍は、大阪から南下し、紀伊半島を回ってナガスネヒコ軍の東側に回り込むという作戦をとります。草香津を発ったイワレヒコは船を出し、五月に茅渟（和泉の海。大阪と淡路島の間の海）の山城水門に進みますが、兄のイツセの矢傷は重くなる一方で、紀の国（和歌山県）の竈山に着いた時にイツセは亡くなりました。

天孫たちの死は、神武天皇記から目立って記されるようになります。天孫が国津神となって天皇であっても皇太子であっても命に限りを持つようになる経緯は、ニニギノミコトが醜いイワナガヒメとの婚姻を拒否する逸話に記されています。

これはまた、長く安定していた縄文の時代が終わり、政治的問題をはじめとするさまざまな理由で人が移動を必要とする不安定な時代に入っていくことを示唆しているということは前に触れました。

艱難辛苦が描かれる神武東征

六月に東征軍は名草邑（和歌山市名草山とされる）に着き、そこを支配していた女賊の名草戸畔を誅した後に、ついに熊野の神邑に至り、天磐盾に登ります。紀伊半島の東側を北上していくのには船を使いました。ここからも、当時は、陸沿いを航海して船で長距離移動したということがわかります。

航海中、東征軍は急な暴風雨に遭います。船は波に邪魔されて進みません。船を捨てたとしても陸路もまた暴風雨のために難しく、兄のイナヒとミケヌが憤慨します。

ミケヌは「わが母と姨は海神であるが、なぜ波をたてておぼれさせようとするのか」と言い、イナヒは「わが先祖は天神海神であるのに、どうして陸に苦しめ海に苦しめるのか」と言い、ふたりとも海に入って姿を消します。古事記ではミケヌもイナヒも東征には参加せず、「御毛沼の命は、波の穂を踏みて、常世の国に渡りまし、稲氷の命は、妣の国として、海原に入りましき」と記されており、「常世の国」と「妣の国」はまた、東西という対比に関係があるということも前に触れました。

イワレヒコの三人の兄たちはすべて、東征の成功を見ることなく、命を落としてしまいました。イワレヒコは、親族としてはただひとり、皇子のタギシミミのみをともなって軍を進めます。

東征軍は熊野の荒坂の津に着き、その地を支配していた丹敷戸畔という女賊を誅します。この時に、丹敷戸畔の配下が吐いた毒気のために東征軍は意気を削がれてしまって倒れ、ふたたび苦しい状況となったと記されています。

このように、神武東征は、神代記とはがらりと色彩を変えて、非常に困難で辛苦を伴ったイワレヒコの戦の道程を描きます。そしてここに、助けの手を差し伸べるのがアマテラスつまり関東・高天原の神でした。

鹿島神宮祭神タケミカヅチの応援

アマテラスは、イワレヒコに実際に会って手助けをするのではなく、夢を通じて策を授ける、また武器を与える、というかたちでサポートします。アマテラスはまず、熊野でのイワレヒコの協力者・高倉下という者の夢に現れます。

高倉下が見た夢の中では、アマテラスとタケミカヅチが議論していました。アマテラスが「葦原中津国はまだ騒がしい、あなたが行って平定しなさい」とタケミカヅチに言います。タケミカヅチは、よく知られているようにオオクニヌシの息子・タケミナカタを諏訪に追い詰めて国譲りを成功させた神です。

タケミカヅチは「私が行くまでもありません。私がかつて国を平定した時に使った剣をもってすれば、国は平らぐでしょう」と言い、高倉下に、「私の剣は「ふつのみたま」と言う。あなたの倉の中に置くから、天孫に献上しなさい」と告げます。目覚めた後、倉に行くと、果たして剣はそこにあり、高倉下はイワレヒコにその剣を献上します。

鹿島神宮の宝物館に、茨城県唯一の国宝「直刀」があります。全長二・七一mで、一般的な日本刀の四倍ほどあり、平安時代につくられたものと推定されています。そしてこの刀には「韴霊剣《ふつのみたまのつるぎ》」という名前がつけられています。

「韴霊剣」は二振りあり、鹿島神宮にあるのは控えの剣とされています。石上神宮（奈良県天理市）の御祭神となっている剣が実際にタケミカヅチがイワレヒコに授けたものだといわれています。

毒気にあてられて倒れていた東征軍は、この剣「ふつのみたま」を前にしてにわかに立ち上がり、イワレヒコは剣を手にします。東征軍は大和を目指して内陸を進みます。

しかしなおも山中は険しく、道さえ明らかではなく、苦戦が続きます。そこで今度は、アマテラスは、イワレヒコの夢の中に出てきます。

八咫烏とイワレヒコの軍組織

アマテラスはイワレヒコに「八咫烏を遣わすから、これに案内をさせよ」と夢で告げます。果たして八咫烏が空を飛んで東征軍の前にやってきました。

臣下である大伴氏先祖の日臣命《ひのおみのみこと》は大久米を率いて東征軍の監督役にあたり、八咫烏の導きを仰ぎ見ながら進んで、宇陀（奈良県宇陀市あたり）の下県にたどり着きます。ついに大和に入ったわけです。

アマテラスの八咫烏の提供に対応して、東征軍は、大伴氏先祖の日臣命が大久米を率いるかたちの監督部隊を組織しました。東征軍が、きわめて規模の大きな軍勢だったことを示しています。

また、この大伴氏と久米氏の関係は、日本書紀の天孫降臨の段の一書にある、「そのとき大伴連の遠祖・天忍日命、久米部の遠祖・天槵津大久米をひきいて、武具をふんだんに身につけたうえでニニギノミコトの前を守って降って行った」という記述の関係とまったく同じです。つまり、イワレヒコは、ニニギノミコトのために高天原系勢力が用意した軍組織をそのまま継承して運用していたと言えるでしょう。

熊野本宮大社と八咫烏の旗

軍略に長けた大和の支配者たち

イワレヒコは、宇陀の県でエウカシ（兄

猾）とオトウカシ（弟猾）という、二人の頭《かしら》を召喚します。オトウカシだけがやってきて、兄のエウカシがイワレヒコの暗殺を企てている、と密告します。

イワレヒコは、八咫烏の時の手柄で日臣命から名の改まったミチノオミ（道臣命）をエウカシの捜査にあたらせて暗殺計画を暴きます。エウカシは、自らが用意した暗殺の仕掛けに転落して命を落とし、オトウカシはイワレヒコと東征軍をねぎらって酒肉でもてなし、従順を誓うのです。

束の間の休息がイワレヒコに生まれ、吉野を巡幸します。軽装備の兵士たちだけを連れて、体が光って尻尾のある国津神・井光《いひか》のいる井戸、これもまた尻尾のある石押分之子《いしおしわくのこ》がいる岩場、梁を設けて漁をする苞苴担之子《にえもつのこ》のいる川などを巡りました。こうした具体的な旅程、行軍スケジュールといったものの記述もまた、神武東征の物語に真実性を与えていると言えるでしょう。

九月、イワレヒコは宇陀の高倉山の頂に登り、国を眺め渡しました。平定すべき勢力の軍勢の様子がわかります。

国見丘の上にヤソタケル（八十梟帥）がいました。女坂に女軍、男坂に男軍を配置し、墨坂で炭を起こして火を焚いて戦に備えています。

磐余邑《いわれのむら》はエシキ（兄磯城）の軍勢であふれかえっていました。すべて、重要な戦略地点で、いま大和を支配している勢力の統治能力、軍事能力の高さがわかります。

攻略計画にあぐねるイワレヒコの夢の中に、ふたたび高天原の、いよいよ決定的な天神が現れます。タカミムスビです。

決定的だったタカミムスビの登場

タカミムスビの登場は、きわめて重要です。古事記では、天地初発の時、アメノミナカヌシに続いて成る、二番目のひとり神です。

前に述べたとおり、タカミムスビは高天原の主のひとりでもあり、日高見国の実質的な統治者でした。アマテラスを太陽神として掲げ、祭祀国・日高見国を運営統括し、アマテラスを支え続けてきました。

いわば、タカミムスビは、実能力にあふれた、政治軍事の頂点の存在です。タカミムスビがイワレヒコをサポートしているということは、イワレヒコに圧倒的な力が約束されたということを意味します。

イワレヒコの夢の中で、タカミムスビは次のように告げます。

「天の香具山の社の土を取って、平瓦八十枚をつくり、同じくお神酒を入れる瓶をつくり、天神地祇をお祀りせよ。また身を清めて行う呪詛をせよ。このようにすれば敵は自然に降伏するだろう。」

（前掲『全現代語訳日本書紀』）

イワレヒコを暗殺の危機から救って今は臣下となっているオトウカシが御前に上がり、作戦を上奏します。その内容がタカミムスビの夢のお告げと一致します。イワレヒコはこの吉兆から、作戦実行を決断しました。

タカミムスビのお告げにあった事物を整え、天神地祇のお祀りも、身を清めてからの呪詛も行い、一〇月、イワレヒコはいよいよ軍を起こします。まず、国見丘のヤソタケルを撃って斬ります。一一月には、エシキを斬りました。

これらの戦の様子はきわめて詳細に記されているです。たとえばヤソタケル討伐で、イワレヒコは、おそらくは特殊作戦部隊長であるミチノオミに「大室を忍坂邑に造って、盛んに酒宴を催し、敵をだまして討ち取れ」と指示しています。ミチノオミは部下に「酒宴たけなわになったとき、自分は立って舞うから、お前らは私の合図で斬りかかれ」と命じています。

東征軍船団の水先案内役だった椎根津彦は、今や凄腕の軍師になっていました。エシキ討伐の際に、「まず女軍を遣わして、忍坂から行きましょう。敵はきっと精兵を出してくるでしょう。こちらは強兵を走らせて、直ちに墨坂を目指し、宇陀川の水をとって、敵軍が起こした炭の火に注ぎ、驚いている間に不意をつくのです」と上奏してイワレヒコを喜ばせ、実際にその作戦でエシキを討ち取ります。

これら、詳細な記述は、東征が実際に起こった戦であったことの証のひとつであると考えられます。そして、さらに重要なのは、イワレヒコが天孫であるにもかかわらず、なぜこれほど苦労して東征しなければならなかったのかという疑問です。

天孫降臨を忘れて土着したニギハヤヒ配下

イワレヒコは、東征を決意する際に、次のように言っています。

「厥の飛び降るといふ者は、是饒速日と謂ふか」

（前掲『日本古典文学体系・日本書紀』）

つまり、イワレヒコは、東征の目的地である大和の地は、すでにニギハヤヒが天孫降臨して治めている地であることを知っています。当然、大和でイワレヒコに抵抗したエウカシ、ヤソタケル、エシキら、そしてその配下の者たちも、ニギハヤヒの勢力下にあるということになります。

自分たちの長と同じく天孫であるのに、エウカシらは、強固にイワレヒコに抵抗しました。これはいったい、どういうことでしょうか。

エウカシらは、イワレヒコの東征軍が天孫降臨の軍勢であることを必ずしも理解していなかったのです。最終的な強敵となるナガスネヒコもまた同様です。

これはたいへん重要な事実を示唆しています。ニギハヤヒが天孫降臨したのは、時間的にかなり前のことだったということを示しています。

ニギハヤヒの配下たちは、その、天孫降臨の意義をすでに忘れてしまっていたのです。そしてこのことはまた、イワレヒコが神武東征を行わなければならなかった最大の理由のひとつです。

エウカシらが暮らす大和全体の統治者の家系であるニギハヤヒは日高見国つまり関東高天原からやってきた統治者である、ということは、エウカシらの記憶からすでに消えていました。そういう状態にある国津神たちが土着化しているのが、神武東征の時代の状況です。

そのためにエウカシらは、神武東征軍を侵略軍としてみなしてしまったわけです。そもそもはニギハヤヒと同じく関東が発祥であり、鹿島を出発して九州経由でやってきたという構造を持つにもかかわらず、イワレヒコら東征軍を、根拠なく攻め込んできた敵と判断してしまいました。

アマテラスとタケミカヅチのふつみたまの剣の夢、アマテラスの八咫烏の夢、タカミムスビの平瓦八十枚の夢ということを考えれば明らかなように、イワレヒコは常に、助けを関東高天原に求めています。しかし、どうやら決定的な軍勢まで、関東に求めているわけではないようです。

タケミカヅチの夢のように、剣だけ降りてきたというのは、小さなグループ、小さな刀剣隊が関東から派遣されたということを意味しているように思えます。あるいはまた、イワレヒコの東征軍の軍備強化を援助したということかもしれません。

神武東征は西を日本の中心とする過程

一二月、イワレヒコの東征軍は、いよいよナガスネヒコと相対します。「戦いを重ねたがなかなか勝つことができなかった」と記されています。

急に空が暗くなり、雹が降ってきました。そこに金色の不思議な鵄が飛んできて、イワレヒコの弓の先に止まります。有名な「金鵄」の逸話です。

「その鵄は光り輝いて、そのさまは雷光のようであった。このため長髄彦の軍勢は、皆幻惑されて力戦できなかった。」

（前掲『全現代語訳日本書紀』）

東征軍はこれを機に追手をかけ、ナガスネヒコの軍勢を撤退させます。ここにも、新しい武器が東の高天原から供給されたということが記されていると考えられます。

金鵄の実体は、おそらく強力な弓でしょう。常に東からの援助が神武東征には効果的に役立っていたということがこれらの記述からもわかります。

ナガスネヒコは、イワレヒコに使いを出して交渉に入ります。ナガスネヒコは、「自分は天孫降臨したニギハヤヒに仕えるものである。天神の子は二人いるのか。あなたは偽物で、天孫を語って領地を奪おうとしている」と伝えます。つまり、出て行け、ということです。

イワレヒコは「天神の子は多くいるが、本当にそうなら証拠があるはずだから示しなさい」と命じます。ナガスネヒコは、ニギハヤヒから「天の羽羽矢」（蛇の呪力を負った矢）と「歩靫」（かちゆき。歩戦で弓を射る時に使うヤナグイ）を授かって提示します。

イワレヒコはそれを見て、ニギハヤヒが天孫であることを改めて確認し、自分が持っていた同じものをナガスネヒコに見せます。ナガスネヒコもまたイワレヒコが天孫であることを確認して一時は畏みます。

しかし、戦闘の用意はすでに整っており、また、ナガスネヒコ自身にも野心がありました。イワレヒコは、交渉に応じもしなければ、天神と人とはまったく異なる存在であることを教えても一向に理解しようとしないナガスネヒコを殺害します。

一方、ニギハヤヒは、高天原からの援助を受けているのを見て、イワレヒコが天孫であることはすでにわかっていました。ニギハヤヒは忠誠心を見せ、イワレヒコもまたニギハヤヒが天孫であることを知っていたし確認もしたので、以降、尊重して寵愛しました。

元来、ニギハヤヒが、「イワレヒコの東征軍は天孫降臨の新しい軍勢である」ということを最初から配下に知らしめておけば、今まで述べたような戦いは必ずしもせずに済みました。しかし、実際には、そうとはならず、激しく厳しい戦いになりました。これはつまり、ニギハヤヒの統治がいかに長く続いていたかを示すものでもあります。

そうした時間の長さというのは、イワレヒコが東征決意の際に述べた「天孫が降臨されてから、百七十九万二千四百七十余年になる」という言葉にもまた象徴されています。縄文・弥生時代の長い期間、ここにいたために新しい日高見国からの軍隊の出処がわからなかったことになります。違う視点から言えば、神武東征は、イワレヒコにおいても、大和におけるニギハヤヒの存在をはるか遠く昔の存在ということでしか認識できなかったと同時に、また、そう認識する以外になかったことから生じた、いたしかたのない戦だったとも言えるでしょう。

まず国譲りの計画があって日高見国からタケミカヅチとフツヌシの東国軍勢が出雲に派遣され、次にニニギノミコトによる天孫降臨の大船団が関東・鹿島から九州・鹿児島に渡り、ニニギノミコトの子孫が九州に定着し、イワレヒコが神武東征の計画のもとで九州から大阪、伊勢、熊野を回って日本の中央だと判断した大和へと向かう、日本神話に記されたそうした過程が、いかに長く時間のかかったものだったかということです。そして、今まで述べてきたような神話の読み解きは、縄文期に圧倒的に人口の多かった東国からの西国支配、縄文から弥生へと推移し、さらに古墳時代に移っていく過程で完全に西が中心になっていくという過程をよく示していると考えられます。

日本において西を中心としていく過程、つまり、大和を攻略して大和を中心とするべく実行されたのが神武東征です。日本の歴史がいかに神話に反映されているかということが、神武東征を読み解いていくことで非常によく理解できるわけです。

東征軍の土蜘蛛討伐の理由

イワレヒコはナガスネヒコを討伐した後、周辺勢力の整理に当たります。波哆の丘岬には新城戸畔という女賊がおり、和珥の坂下には居勢祝という者がおり、長柄の丘岬には猪祝という者がいて、帰属を拒んでいたので皆殺しにさせました。

また、高尾張邑に、土蜘蛛がいました。身丈が短く、手足が長い、異形の民です。東征軍は葛の網を作って土蜘蛛を捕まえ、殺しました。

このことは、神武天皇以降においても、こういった奇形、異形が誕生する状況が野放しにされていたということを予測させます。私は著書『高天原は関東にあった　日本神話と考古学を再考する』の中で、縄文土偶の異形が近親婚に関係があることを明らかにしました。土偶の特異な形は、近親婚つまり近親相姦がタブーではなかった縄文時代における、奇形や遺伝病の類の表現です。

そして、東征軍の土蜘蛛討伐の逸話もこれと大いに関係があると考えられます。天皇による統治のひとつの課題として、近親婚を排除していくということがありました。允恭天皇（第一九代）の御代にその第一皇子・木梨軽皇子が明確に近親相姦を罪とされて流されるに至って近親婚がタブーとしてはっきり認識されたと言うことができ、実に長い時間がかかっています。

日本書紀には、土蜘蛛をはじめ、さまざまの異形の存在があちこちで示されています。そしてそれらが、おおむね否定的存在として描かれることにはそういった背景があるのです。

オオモノヌシの娘を后とした理由

イワレヒコは畝傍山の東南の橿原の地を国の最中《もなか》として都の造成にかかります。ヒメタタライスズヒメ（媛蹈鞴五十鈴媛）を后とし、橿原宮で、神日本磐余彦火火出見天皇《かむやまといわれひこほほでみのすめらみこと》の号をもって即位しました。崩御後の諡号が「神武天皇」です。

神武天皇がヒメタタライスズヒメを后としたことは、きわめて重要です。ヒメタタライスズヒメは、古事記によればオオモノヌシ（大物主神）の娘です。オオモノヌシとは、オオクニヌシの和魂《にぎみたま》あるいはオオクニヌシそのものであるともされています。

これは、オオクニヌシが国譲りをした後も、オオクニヌシの家系が中津国に存続していた、あるいは、神武天皇の時代に、オオクニヌシの勢力が大和にいた、ということを意味します。ニギハヤヒがいたわけですから支配層ではなかったにせよ、オオクニヌシを祖先とする人々、つまりはスサノオの系統がまだ大和において存在していたということになります。

つまり、日本という国は、譲り譲られる関係が基本であり、それが戦いのかたちとなったとしても決して敵を根絶やしにしないということがここからもわかります。経済的にいえば、一族の土地を取り上げなかったことになるでしょう。

オオモノヌシは奈良・大和の三輪山の神で、その社・大神神社は蛇を祭っています。こういった土着の神がおり、その神の娘と結婚することによって、すなわち、天孫が、その土地においても正統な後継者になることができるわけです。ニニギノミコトがコノハナノサクヤヒメを娶ったことにもそういった理由があります。神武天皇もまた、ニニギノミコトから受け継ぐ、非常に賢い知恵を持っていたと言えるでしょう。

神武天皇以降、日本は他の氏族との連携ということ、決して相手種族を根絶やしにすることなく、常に共存していくという姿勢をずっと持ち続けます。これこそが天皇家の知恵です。この知恵があることで、神武天皇以降、スメラミコトの家系が確かに維持されていくということが保証されてきたのです。

二柱のハツクニシラススメラミコト

五二歳でイワレヒコは橿原宮で践祚します。号とは別に、始馭天下之天皇《はつくにしらすすめらみこと》という特別な美称でも呼ばれます。初めて日本を建国した天皇、という意味です。

神武天皇の治世については、日本書紀も古事記もあまり記録していません。第一〇代の崇神天皇もまた、ハツクニシラススメラミコト（御肇国天皇と表記）と呼ばれており、神武天皇とは崇神天皇のことではないかという説もあります。

神武天皇は東征を成し遂げた初代であり、政治的手腕において崇神天皇は傑出していました。つなげて考える気持ちもわからないではありませんが、しかし、神武天皇と崇神天皇の間には、やはりそれぞれに名前のついた天皇がおられます。

視点を変えて見れば、神武と崇神の間の時代というのは、イワレヒコの血統は続くものの、東国から大和へ政権移行がなされた時代、多くの豪族たちの移動と体制の強化がなされていた時代だったと言うことができるのではないかと思います。最初から完璧に統治するということはやはり不可能に近いことであり、同時に、日高見国つまり東の国々で行われていた祭祀をいかに大和に定着するかということが、優先順位の高い、かなり重要な問題だったろうと考えられます。その最後が八世紀の鹿島神宮から、春日大社の移動であったということができるでしょう。

そういう課題を処理するために東国から派遣された人々が、三輪山をはじめとして、奈良・大和の、畝傍山や天香久山、耳成山といった、それぞれの山を神として奉り大和の体制というものをつくっていったと考えられます。その時代が、神武・崇神間の時代だったのではないかと思います。

ほとんど名前だけが残されている天皇の存在は、もちろん、それぞれの天皇の皇子が皇位を継承していったわけですが、やはり日高見国の、国家運営の経験の深い東国の知見に助けられ維持されていたということを示しているでしょう。記紀における、初期の歴代天皇に関する記述の大小の理由もまた、東国の統治という観点から考えることもできるはずです。

お神楽と高天原

お神楽という歌舞が日本各地の神社に、たくさん伝承されています。お神楽はそのほとんどが、高天原を舞台とする物語であり、踊りであり、歌です。

日本中にお神楽というものがあり、半島や島を含め、それぞれの地域で高天原が存在します。その地その地に、例えば奈良なら奈良に高天原が存在するわけです。

それぞれの地域でそれぞれの神話を完結させせようとします。それぞれの神話の世界を完成させようとする気持ちがそれぞれの地域にあり、神社を作ったり、自分たちと祖先との関わりを実証させせようとします。

たとえば、九州の神社におけるお神楽であれば、天神は高いところから、その神社のある九州の地に降ってきます。天孫降臨はそれで完結して、そこから神武天皇の出発が始まる、ということになるのでしょう。

文字が無い時代には、つまりそれが伝承ということに他なりませんが、そういう物語を再生したいと思えば、人々は行為で記憶しておこうとしたり、場所で記憶しておこうとしたりするに違いありません。お神楽が演じられる神社には、高天原あるいは原初の記憶を語りたいという意思が現れているわけです。

そういった神社の意思を読み解き、かつ、日本列島の地理的状況、富士山の存在、縄文時代の人口分布変遷、遺跡異物の考古学的研究などと合わせ考えれば、日本神話に矛盾するところは無いと考えざるをえません。

今までは、神話が歴史と結びつくはずはない、考古学とは関係ないとされてきました。いまだに大半の研究者がそうした姿勢でいます。

しかし、本書で述べてきたことからわかるように、ここ二、三〇年の各分野の新発見で、神話と歴史は結びつくのだということが初めて明らかになってきました。七世紀以降の文字で記録された古事記や日本書紀、風土記などは、綿々たる長い歴史をひそかに記しています。また、たとえば神社などは、かなり後になってから建てられたものであるにせよ、土地の記憶として神の名前を伝承しています。

そして、きわめて重要なのは、そうした、日本神話をめぐる祖先たちの記憶の保存を通じて、いかにスメラミコト、天皇という存在が具体的な事実の中で正当性をもっているかということが、具体的にわかってくるということだと思います。

太陽を思った時、精神の活動が始まる

あらゆることを客観的に見たうえで、日本には天皇制が維持してこられました。このことの民族のすごみを知らない、わからない、わかろうとしない人々、そして学者が多すぎるのではないかと思います。たとえば、近年、縄文に関する研究が一種のブームのように盛んに行われていますが、ほとんどの縄文学者の著書には、天皇も日本神話も出てきません。

中には、縄文時代を一大文明時代ととらえることで、天皇を日本から外せる、また、否定できるといった論調さえあります。とんでもないことだと思います。

日本列島には、まず、日の上る東に人口が集中して多くの人々が暮らしていました。太陽信仰のもとで高天原が実在し、日高見国が運営され、アマテラスが家系として存在し、その子孫が天皇家として継承されてきました。これが事実として明らかであることは、本書でも繰り返し述べてきました。

文字史料がなかったおかげで日本ほど未知な国はないと思われてきました。しかし「記紀」の読み方、風土記の解釈と、考古学の成果でようやく、縄文・弥生時代が見えてきたのです。さらに考古学的発見や、科学的分析を結びつけることによって「日高見国」文明

が明らかになってくるでしょう。

日本は太陽が上る国です。そのために世界から憧れられた東の国であるということが、日本というものの根底の原動力になっているはずです。

精神の活動が始まるのは、死を思った時ではなく、太陽を思った時です。死というものは生物学的な問題であって、死んでしまえば物質になり腐ってしまうことは明らかであり、そこから人間というものを考え始めても少しも喜びにはなりません。

太陽は上り、そして沈んでいきます。これはいったい何でしょうか。太陽について考えることが人間にとっての最大の自然の不可思議さであり、最も幸福な営みです。そこからすべての人間の思考は始まります。

エジプトもギリシャも、太陽神から始まります。ケルトもそうです。ところが、面白いことに、中国には太陽神がありません。文化文明が中国経由で日本に来たのではないということはこの点からも推測できます。

人類は日の上る方向、結果的に日本列島を目指して移動してきましたが、止まってしまう人々は中国で止まってしまい、日本の縄文とは別の文化文明を築きました。彼らには太陽信仰が強くないために、日の上る地を目指してもうひと押し、進んでみようなどとは思わなかったのです。

あくまでも歴史的事実としてですが、これが少なくとも今現在まで、かつて中国の漢民族がいちども日本を本土侵略したことがないことの理由と考えられます。モンゴル人は、一三世紀の元寇というかたちで、その意思を見せたことはあります。しかし、漢民族にはそれがありません。

中国にとって、精神活動的に、日本列島はあまり魅力がなかったようです。漢民族にとって、太陽が上る地など、余り興味をもたないのです。中国の神様は太陽を崇敬する気持はありません。太陽というものは盤古神話では、後から造られたものとされています。ところが日本は、エジプトやギリシャなど、そうした世界の方が実は早くから親しみがありました。人々はそちらの方から日本列島へ、海を渡り、陸を歩き、島伝いに移動し、渡ってきました。

文化文明の研究で、今まで致命的に間違っていた理解の仕方があります。太古の人々は陸上でしか移動しないと思い込んでいたことです。

人類は大陸を歩き、或いは馬に乗ってしか移動しないと考えるならば、日本などは最果ての国であり、日本列島にたどりつく人々は稀だということになります。しかし船があったのです。

最果ての島国に船でたどりつくことは比較的容易でした。日本が世界の端の国であり中心ではありえないという考え方の背景にはこの、人々の移動に対する思い込みがあります。大陸から文化文明のやってきたのではありません。近年の考古学的発見からわかるのは、もっと自由の往来があったということです。世界中から人々が日本列島を目指して集まり、縄文の一大文明を築き、それが韓国にも行き、中国にも行き、アメリカ大陸へも行ったということを考えることが可能です。

最近はインカ文明も日本人が大元だと議論され始めていますが、そうした問題は、そういった話を耳にしたとき、日本人自身がたじろいてしまうという事実です。多くの日本人は、そういう世界的視野に慣れていないからです。

われわれが住む日本列島の、数万年にわたる文明の歩みや日本神話の歴史的意義と価値を日本人は知らなさすぎました。かつて書かれなかったことこそが今の私たちには重要であるような気がします。そしてそれこそが日本の深く沈んだ伝統であり強さと美しさであると思われます。本書はそれをさぐる上で大切な本になるだろうと自負しております。

あとがき

この書のもとになった論文集『高天原は関東にあった』は、これまでの考古学の成果と、記紀、風土記などの歴史史料を追ったもので、いわゆる学者、専門家を相手に書いたものです。確かに多くの一般の方々には、読むのを敬遠したくなるような注の多い、専門性の高い文章からなっています。

しかし内容は、縄文・弥生時代とは単なる原始時代ではなく、国家があったのではないか、深い文化があった時代なのではないか、という国民的な問題を含むもので、ぜひ、一般の方々にも知っていただきたい、と思って書いたのが、前書『日本の起源は日高見国にあった』と、この書です。

論文集『高天原は関東にあった』を、國学院大學名誉教授の小林達雄先生にお送りしたところ「画期的見解、敬意を表します。……考古学の新しいデータを豊富にとりこみながらの内容に脱帽です」というはがきを頂きました。流石に縄文・考古学の第一人者である、と思われました。私のような考古学者ではないものの本を認めて下さったからです。

ところでその論文集を出すまで、私は、あくまで日本の神話として、また歴史書としての『古事記』『日本書紀』や各『風土記』を中心に論じてきました。『先代旧事本記』を除き、いわゆる偽書とされる歴史書は、眼中にはありませんでした。ところがこの書を出してから、ある読者から手紙で、偽書といわれる文書にも、多少の真理があるのではないか、と言われました。

その方は、二冊の文書がある、というのです。一つは、津軽地方の『東日流外三郡誌《つがるそとさんぐんし》』、もう一つは、富士山麓の『富士宮下文献』です。

前者は、青森県五所川原市の和田喜八郎氏によって、自宅の改築中に「天井裏から落ちてきた」古文書として一九七〇年代に発表されたものです。内容からして、邪馬台国論争が始まった戦後に創作したものと思われ、沢山の文書全体は、どう見ても信用がおけるものではありません。

ただ、この文書では従来の垂直な「天孫降臨」はなく、水平な関係で語られています。「高天原」勢力の関東・東北と、関西・九州の争いとして述べられているのです。邪馬台国が日向国の佐怒王（神武天皇）により破れ、アビヒコとナガスネヒコが兄弟で東北に落ち着き、中央と異なる別の王朝が津軽にあった、とか、青森の安東水軍が十三湊を中心に栄えていたが、一三四〇年の大津波で壊滅したなどと書かれています。

もっとも国立歴史民俗博物館が総合調査を行っても、何も出てこなかったといいます。

しかし関東・東北にもっと歴史がある、という点は、多少認識していた著者にとって興味深いところがあります。その時代が関東・東北に日高見国があったという、神武天皇以前の縄文・弥生時代と重なっているからです。

『東日流外三郡誌』の「五、日高見国実史雑抄」には、次のように書かれています。

「日高見国は、坂東（関東）、古志（甲信越）、東北という。つまり奥州と称する所を意味する。吾が神州（日本）に人が住んでいた太古の人々を思うと、馬、犬を連れたツングース族、鉾や楯をを持ち歩いていた南洋人と区別はない。人々は語る言葉は異なり、互いに漁や狩りの領権を争い、流血になっても、風土の異なる東北と西南に住んで、寒暑の気候に従って定住していた。

東北の民族は長い間、固定していたが、西南の民族は種々雑多で混血していた。しかし日本に住む民族の一致しているのは、東海の日出る海として、彼方には日の国がある、と信じてやまない厚い太陽信仰があることだ。先祖はかの太陽の国があると、子々孫々伝えていたのである。歴史にいう高天原とは、東海の彼方、

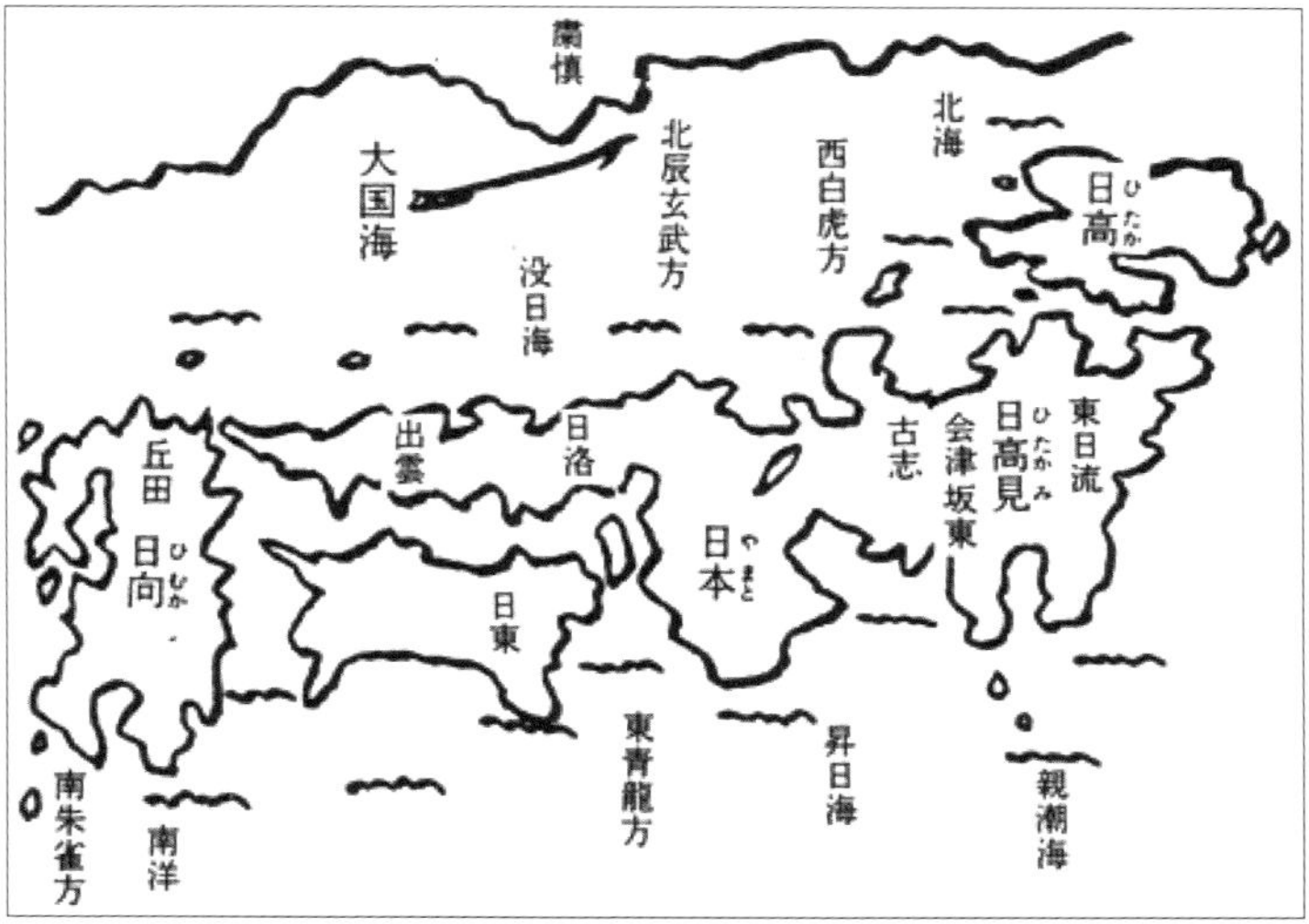

日の出ずるところを言うのである」。（意訳）

上の図には、関東から東北にかけて日高見国、北海道を日高と書かれています。このことは、私の提唱してきた日高見国の範囲と似ています。日本がまさに、太陽信仰の国であり、歴史的に関東・東北がそれを指していたというのですから。太古（縄文時代）が大陸のツングース族や、南洋人と変わりはない、というのは正しくありませんが、日本人が中国人や朝鮮人と区別がつかない、などと言うよりは、まだ良いと思います。日本のなかで、東北と西南の民族の区別があり、東が西を統一していったことを示唆していると理解できることは、本書で述べたことに似て、真実性があります。

後者の『富士宮下文献』は、山梨県富士吉田市の宮下家に伝えられていた古文書とされるもので、神代には「天之世」七代、「天之御中主之世」一五代、「高天原之世」七代、「豊葦原之世」五代、そして「宇家潤不二合須《うがやふじあうす》世」と五つの王朝があった後、神武天皇の時代になる、と書かれています。これは時代的にまさに、古墳時代以前の縄文・弥生時代に関わるもので、多少は示唆を与えてくれるようです。

しかしそれに中国の徐福がからむので、問題はややこしくなるのです。司馬遷の『史記』（巻百十八）によると、秦の始皇帝の時代に、東方の三神山に不老長寿の霊薬がある、と述べて、始皇帝の命を受け三千人の若い男女と百人の工人を連れて東方に船出した、と書かれています。霊薬と交換するため五穀の種を持って行ったこともあって「平原広沢」を与えられ、そこの王となって、中国には戻らなかったと語られています。同じ『史記』の別のところでは、出発せず、始皇帝から物品をせしめた詐欺師だったという記述もありますが、おそらく東方に出立したのは事実でしょう。そう考えざるを得ないほど、日本に多くその形跡が存在するからです。

『富士宮下文献』では、徐福は伝説の蓬莱山が富士山だと考え、富士山麓に住んだといいます。朝鮮文書の『海東諸国記』によると、その時代は、第七代孝霊天皇の時期とされていますが、西暦でいえば神武天皇以前の紀元前二九〇年から二一五年ということになります。秦の始皇帝の時期と一致します。

私は『史記』の記述の、徐福が「平原広沢（広い平野と湿地）」を与えられた、という意味は、富士山麓というよりも、やはり広い平野である関東平野を指し、そこで「五穀の種」を撒いて農業を広めた、と解釈したい気がします。しかしこうした予測も、徐福が来日したという前提が確実視されなければなりませんが、少なくとも、日本に徐福がいた、とする場所が、青森県から鹿児島県まで、八ヶ所以上もあり、その各地の人々が『史記』の内容だけを読んで、勝手に想像してしまったとも思われません。やはり、何らかの来日の具体的事実があり、それが語り伝えられたと思われます。神社にまで祀られているのです。これは中国の書『魏志倭人伝』の卑弥呼が、日本のどこにも祀られている形跡がないのと対照的です。弥生時代の中国からの来日者の一人に徐福がいたと考えるべきかもしれません。

いずれにせよ、この「あとがき」は、二つの文書を示唆して下さった読者の質問に答えるもので、私自身はこうした偽書と呼ばれる文書に拘泥する気はありません。

さてこの書を『日本の起源は日高見国にあった』と同じく、勉誠選書の一冊として、出版の労を取られた池嶋洋次氏、編集された武内可夏子氏、口述を文章にされた尾崎克次氏に厚くお礼を申し上げます。

田中英道

【著者紹介】

田中英道（たなか・ひでみち）

1942年生まれ。歴史家、美術史家。東大文学部卒、ストラスブール大学Ph.D. 東北大学名誉教授、ローマ、ボローニャ大学客員教授。主な著書に『日本美術全史』（講談社）、『日本の歴史』（育鵬社）、『レオナルド・ダ・ヴィンチ』（講談社）（いずれも欧語版）、『芸術国家　日本のかがやき』、『高天原は関東にあった』（勉誠出版）他多数。

勉誠選書

天孫降臨《てんそんこうりん》とは何《なに》であったのか

2018年4月13日　初版発行
2021年6月30日　初版第二刷発行
2023年2月15日　初版第三刷発行

著　者　田中英道
制　作　㈱勉誠社
発　売　勉誠出版㈱
〒101-0061　東京都千代田区神田三崎町2-18-4
TEL：(03)5215-9021(代)　FAX：(03)5215-9025
〈出版詳細情報〉http://bensei.jp

印刷・製本　中央精版印刷
ISBN 978-4-585-23403-6　C1312